Ulrike Schirmohammadi

U - das bist auch Du!

Gedichte aus der Tiefe des Lebens

AF222158

Ulrike Schirmohammadi

U - das bist auch Du!

Gedichte aus der Tiefe des Lebens

Bibliografische Informationen der Deutschen Nationalbibliothek
Die Deutsche Nationalbibliothek verzeichnet diese Publikation in der
Deutschen Nationalbibliografie; detaillierte bibliografische Daten sind
im Internet über dnb.dnb.de abrufbar.

2. Auflage
Copyright © Ulrike Schirmohammadi 2018
Einband-Illustration: Kian und Ulrike Schirmohammadi

Printed in Germany

ISBN 978-3-8334-7521-4

Herstellung und Verlag: BoD – Books on Demand, Norderstedt

U - das bist auch Du!

Gedichte aus der Tiefe des Lebens

Ulrike Schirmohammadi

Inhaltsverzeichnis

6

7

9

10

11

Widmung

Dieses Buch widme ich meinen lieben Eltern, Martha Maria und Josef Alfred Metzler, denen ich sehr viel verdanke.

Mit Liebe und Ehrerbietung trage ich ihr Andenken stets in meinem Herzen.

Vorwort

Seit meiner Jugendzeit dient mir das Schreiben von Gedichten als bevorzugte Methode für Projektionen meiner inneren Welt und Reflektionen der äußeren Welt. Auf diese Weise konnte ich viele Eindrücke verarbeiten, meine Denkweise erweitern, meine Gefühle transformieren und viele Problemstellungen einer positiven Umwandlung zuführen.

Es war immer wichtig für mich, hinter die Dinge zu blicken, neue Erkenntnisse zu erlangen, die Gesetzmäßigkeiten des Lebens zu verstehen. Bei der Suche nach Weiterentwicklung nahm ich an vielen Seminaren teil und hatte dadurch auch die

Möglichkeit, bekannte Persönlichkeiten kennen zu lernen. Verschiedene Ansichten, praktische Erfahrungen und lehrreiche Erlebnisse gaben mir reichlich Stoff zum Nachdenken.

Im Endeffekt habe ich erkannt, dass alles in einem selber liegt und man nur bei sich etwas ändern kann, indem man die Einstellung und den Charakter verbessert, was immer mehr in die eigene Mitte führt. Bei diesen Prozessen kann man mit Sicherheit auf die Führung und Hilfe der göttlichen Macht vertrauen.

Meine Gedichte geben natürlich nur meine aktuelle Sichtweise wider und erheben keinen Anspruch auf Belehrung und absolute Weisheit aller Dinge.

Mit herzlichem Dank für Ihr Interesse, lade ich Sie jetzt zu einem Ausflug in meine Welt ein und wünsche Ihnen eine gute Reise!

Ihre Ulrike Schirmohammadi

Diese Gedichte

Diese Gedichte,
sie sind Berichte
über die Schmerzen
verletzter Herzen,
verirrtes Denken,
Zuneigung schenken.

Verliebte Küsse,
Kritikergüsse,
Kampf dem Bösen,
sich selbst erlösen,
tiefgründiges Fragen,
manches ertragen,
kluges Benennen,
freudvolles Erkennen.

Beraten, belichten,
Vergangenes sichten,
beobachten, karikieren,
gewinnen, verlieren,
Höheres preisen,
Thesen beweisen,
Rache und vergeben,
Blicke ins Leben.

Du bist

Du bist das Sein in meinem Leben.
Du lässt mich lieben, tanzen, geben.
Ohne Dich kann ich nicht sein,
in mein Haus lade ich Dich ein.
Komm zu mir, erhöre mich,
mit Sehnen warte ich auf Dich!

Ausdehnen

Mich auszudehnen in den Raum,
zerfließend in hellem Licht,
getragen, erfüllt vom göttlichen Traum,
wo die Seele zu mir spricht.

Strahlen

Es ist das Strahlen der Sonne,
welches mir so gefällt.
Ich will strahlen wie sie,
für die Erdenwelt.

Könnte ich doch!

Leicht wie eine Feder möchte ich fliegen,
mich in sanften Strömungen wiegen.

Schön wie eine Blume möchte ich blühen,
herrlichen Duft in die Welt versprühen.

Rein wie eine Quelle möchte ich fließen,
mich nährend in die Natur ergießen.

Wie ein Regenbogen möchte ich strahlen,
leuchtende Farben in den Himmel malen.

Liebe und Frieden möchte ich bringen,
ach, könnte mir all dies gelingen!

Unvollkommenheit

Meine Unvollkommenheit
macht sich als Mangel in mir breit,
so scheint mein Weg mir endlos weit,
fallend in Unendlichkeit.

Die Blume

Alles ist geordnet,
fein durchdacht,
viel Mühe habe ich mir gemacht.

Göttliche Schönheit
durch mich waltet
und sich zur Freude für Dich entfaltet.

Die innere Stimme

Höre auf die Stimme,
die in Dir spricht,
sie ist ein Ausdruck
vom göttlichen Licht.

Sie weist Dir den Weg
und meint es nur gut,
sie will Dich bewahren
vor Hass, Angst und Wut.

Kosmos

Im Makrokosmos eingebettet,
zieht die Menschheit ihre Runden,
und ist in ihrem Mikrokosmos
zur Erdenzeit gebunden.

Einheit

Befreist Du Dich,
hilfst Du der Welt,
die als Einheit zusammenhält.

Jeder Gedanke,
der Gutes gedacht,
die Erde ein wenig freundlicher macht.

Durch jede Tat,
die mit Liebe getan,
kommt die Menschheit ein Stück voran.

Leben

Vergiss Deinen Glauben nicht,
schau auf Dein inneres Licht,
vertraue der Schöpfung Sinn,
erwarte den Neubeginn.
Lasse Dich tragen,
ohne zu fragen,
Dein Ego hingegeben
für ein befreites Leben.

Das höchste Ziel

Lieber göttlicher Vater, mein,
ich liebe Dich so sehr,
Dein will ich für immer sein,
das ist mein Begehr!
Alles was ich bin und habe
ist mit Dir verbunden,
Du bist mein Halt in jeder Lage,
in Dir habe ich mich gefunden.
Das höchste Ziel bist Du für mich,
Dir kann ich stets vertrauen,
in Deinen Armen ewiglich
Deine Herrlichkeiten schauen.

Engel der Gerechtigkeit

Ich bin der Engel der Gerechtigkeit,
Du hast mich gerufen,
ich stehe bereit!
Ich wache bei Dir, biete Dir Schutz,
decke auf Verrat und Schmutz.

Ich leuchte in die dunklen Ecken,
wo Deine Peiniger sich verstecken.
Ich lasse sie erkennen,
was sie gemacht,
Dich gequält, zerstört, ins Elend gebracht.

Ich dränge sie,
in die Wunden zu gehen,
um Deine Verzweiflung zu verstehen.
Ich tauche sie in Not und Leid,
so erfühlen sie Dein Seelenkleid.

Ich leite sie an,
vor Dich hinzutreten,
sie werden Dich bitten zu vergeben, zu beten.
Ich löse die Verbindung,
ich mache Dich frei
und achte darauf, dass Gerechtigkeit sei.

Glück

Man jagt dem Glück oft hinterher
und glaubt, es ist gefunden,
doch bald scheint alles wieder schwer,
man hat sich falsch gebunden.

Man stürzt sich weiter, hier und dort,
in neue Glückesfreuden,
doch wieder fällt manch böses Wort,
man kann sich nicht mehr leiden.

Das Glück, so sagt ein weiser Mann,
das wohnt doch tief in Dir,
grabe nach und sieh es an,
es bleibt für immer hier.

Es erfüllt Dich mit Glückseligkeit,
einem wunderbaren Schweben,
die Seele öffnet sich ganz weit,
kann Herrliches erleben.

Unendlich viel hast Du vom Glück
und kannst es weiter schenken,
danach kommt es zu Dir zurück,
lässt noch mehr Glück Dich denken.

Engel

Wenn es still ist um Dich,
dann kannst Du sie spüren,
die herrlichen Wesen,
die Dich leiten und führen.

Sie berühren Dich zärtlich
mit ihren Schwingen,
sind oft das Geheimnis
hinter Deinem Gelingen.

Man möge sie schätzen,
darum lade sie ein,
Deine besten Freunde
werden sie sein.

Dir selbstlos zu dienen
kamen sie her,
sei ihnen verbunden
und bedanke Dich sehr.

Groß und Klein

Das Große kann man bei sich sehen,
doch leider auch das Kleine.
Die Mischung gilt es zu verstehen,
dass man sich nicht beweine.

Führung

Mein Vertrauen in die Führung ist gereift,
Sorgen und Ängste sind abgestreift,
die Lasten scheinen plötzlich ganz klein,
ich bin eingebettet im göttlichen Sein.

Seine Liebe

Gott, Vater, lass die Liebe Dein
jetzt auch meine Liebe sein.
Fülle mein Herz mit Deinem Licht,
dass es die Sprache der Liebe spricht!

Segen

Sei gesegnet vom Göttlichen Geist,
der Dir viel Gutes im Leben erweist!
Sei gepriesen, mit Licht erfüllt
und in das Glück des Himmels gehüllt!

Mein Schutzengel

Du, geliebter Schutzengel, mein,
ins Gebet schließe ich Dich ein.

Unermüdlich, Tag und Nacht,
von Dir behütet und bewacht,
fühle ich die Sicherheit
in Deiner Nähe, jederzeit.

Mit Dankbarkeit will ich Dich ehren,
meine Liebe zu Dir mehren,
mein Vertrauen Dir beweisen,
Deine Güte immer preisen.

An Deiner Hand kann ich es wagen
und JA zu meinem Leben sagen.

Mein Gott

All mein Leben, all mein Sein
gehört nur Dir, mein Gott, allein!
Erfülle mich mit Deinem Licht,
gib meinem Dasein mehr Gewicht.

Lass mich in lichte Höhen gehen,
hilf zu erkennen, zu verstehen!
Um Schutz und Führung bitte ich
und Deinen Segen ewiglich.

Sei offen

Sei offen und vertraue mir,
meine Liebe sende ich Dir.
Willst Du sie haben, würdige sie,
nimm sie an, enttäusche mich nie!

Fließe einfach mit dem Licht,
sei doch locker, blocke nicht!
Der Liebe Schwingung lasse ein,
sie heilt und wird Dein Segen sein!

Begleitung

Geliebte Vogelschar,
sing auch in mir,
sodass ich die Hoffnung niemals verlier!

Wunder der Natur,
erweitert das Empfinden,
lehrt mich die Starrheit zu überwinden!

Kräfte der Elemente,
mit Eurer Macht,
über mein inneres Gleichgewicht wacht!

Ihr Strahlen der Sonne,
durchlichtet mein Leben,
helft mir zu lieben, helft mir zu geben!

Euch zu verstehen,
Euch wirken zu lassen,
Eure Weisheit in mir zu erfassen,
mit Euch den Lebensweg zu beschreiten,
ich ersuche Euch, mich zu begleiten.

Einladung

Sonnenschein,
komm herein,
leuchte in mein Herz hinein!

Lichterglanz,
erfüll mich ganz,
mit des Kosmos Liebestanz!

Das Spiel mit den Herzen

Bei seinem Spiel mit den Herzen,
kann er lachen und scherzen,
er fühlt sich wie ein Sieger,
als Casanova-Überflieger,
zeigt sich charmant,
benimmt sich galant.

Alle stehen drauf,
das Konzept geht auf.

Reumütig

Der Mensch empfängt von Gottes Licht,
doch dankbar ist er meistens nicht.
Er sieht nicht Gnade und Geschenk,
dem großen Schöpfer kein Gedenk.

Er brüstet sich mit allerlei,
glaubt im Ernst wie toll er sei,
fühlt sich selbst als große Macht,
dabei ist er von Gott erdacht.

Ein Schöpfer zwar, durch Gottes Liebe,
doch untertan so manchem Triebe.
Er wird gereinigt und belehrt,
bis reumütig er sich bekehrt,
was Gott, den Vater, sehr entzückt,
denn sein Projekt ist doch geglückt.

Beistand

Herr der Welten, stehe mir bei,
meine Fehler mir verzeih,
von meinen Schatten mich befrei,
dass ich endlich ich selber sei!

Dein Licht

Könntest Du Dein Licht jetzt sehen,
bliebst Du vor Begeisterung stehen.
Hingerissen würdest Du schauen,
Deinen Augen nicht mehr trauen.
„Das kann ja wohl nicht sein!",
denkst Du, und hüllst Dich wieder ein.

Eingehüllt

Ich betrete die Träume
göttlicher Räume.
Entrücktes Klingen,
melodisches Singen,
Farben und Düfte
erfüllen die Lüfte.
Im Lichte geborgen,
frei von gestern und morgen.
Ich möchte verweilen,
dem Leid enteilen,
die Seligkeit trinken,
im Glück versinken.
Ein jähes Erwachen,
ein verwundertes Lachen.

Ich bin

Ich bin das Licht, das Dich erhellt.
Ich bin der Herr der ganzen Welt.
Ich bin das Sein, das in Dir lebt.
Ich bin die Schwingung, die belebt.
Ich bin Dein Ursprung, Deine Kraft.
Ich bin der Geist, der alles schafft!

Deklassieren

Wettbewerb und Konkurrenz
zeigen auf Erden die Präsenz.
Man will andere deklassieren,
um sich obenauf zu spüren.

Liebe

Die Liebe lässt uns freudvoll leben,
es macht glücklich, sie zu geben,
erfüllt von seligem Empfinden,
sich im Anderen wieder finden.

Zusammen

Unser Weg wird wunderschön,
wenn wir ihn zusammen gehen.
Du brauchst nichts verdecken, keine List,
zeige Dich einfach so wie Du bist.
Wir wollen uns lieben und ehren zugleich,
sei der König in meinem Reich!

Große Gefühle

In Deinen Armen hier zu liegen,
mich in Deine Aura schmiegen,
Dich zu fühlen, Dich zu riechen,
in Deinen Schutz mich zu verkriechen.

Deinen Atem zu empfinden,
Gegensätze überwinden,
Deinen Zellen Liebe schenken,
schöne Worte für Dich denken.

Mich fallen lassen in Dein Wesen,
in Deinen Augen Liebe lesen.
Ich gebe mich bedingungslos,
mit Gefühlen unendlich groß.

Lass es geschehen!

Voller Liebe komme ich Dir entgegen,
hülle Dich ein mit Zärtlichkeit,
mein Lächeln möge Dich bewegen,
Dich hinzugeben sei bereit.

Wirf sie weg, die alten Schranken,
Relikte der Vergangenheit,
vergiss die düsteren Gedanken,
sie bringen Dir nur noch mehr Leid!

Dein Herz zu öffnen ist geboten,
vertrauensvoll lass es geschehen,
um Glücksgefühle auszuloten
und die Verbindung einzugehen.

Für alle Zeit

Ich liebe Dich für alle Zeit,
du bist ein Teil von mir!
Ich öffne meine Arme weit,
mein Herz gehört nur Dir!

In mir und Dir

Ich lasse los was einmal war,
habe mich davon befreit,
vergangene Fehler sehe ich klar,
zum Lernen stets bereit.

Aller Kummer, so viel Leid,
sie sind Vergangenheit,
ich trage jetzt ein lichtes Kleid,
dehne mich aus ganz weit.

So fliegt die Dunkelheit davon
und die Blockaden weichen,
das Erreichte zeigt sich schon
in vielerlei Bereichen.

Es wohnt das Göttliche in mir,
Du kannst es leuchten sehen,
dieses Licht ist auch in Dir,
lass uns gemeinsam gehen!

Religion

Sie weist den Weg, ihr kennt sie schon,
es ist die gepriesene Religion.
Befolgst Du die Gesetze und Gebote,
kommst Du auf die höchste Quote.

Gottesverehrung, Nächstenliebe,
Drosselung der niederen Triebe,
Fastenzeiten, sich enthalten
und zu Höherem entfalten.

Treue, Güte, Toleranz,
Hilfsbereitschaft und Kulanz,
vorbildlich die Eltern ehren,
anderer Partner nicht begehren,
auch den Feinden zu vergeben,
heißt die Instruktion fürs Leben.

Hört auf zu stehlen und betrügen,
auszunützen, anzulügen,
verurteilen und kritisieren,
Euch in Unkeuschheit zu verlieren,
bei Unmäßigkeit und Völlerei,
da seid bitte nicht dabei!

Wertvoll ist der gute Rat,
aber schwierig in der Tat!

Wäre nur eine Religion zugegen,
könnte sie etwas bewegen,
so gibt es viele Religionen,
die ihre Vorherrschaft betonen.

Jede spricht vom inneren Frieden,
doch was ist davon geblieben?
Machtstrukturen, die sich gleichen,
zeigen keine guten Zeichen.

Kriege wegen Religionen,
welche andere nicht verschonen,
einfach so, man glaubt es kaum,
man will bezwingen, lässt nicht Raum!

Was nützt die ganze Theorie,
die Handlung nur verkörpert sie!

Zuneigung

Zuneigung genießen
lässt Freude sprießen,
lässt Erfüllung finden,
lässt Ängste schwinden.

Loslassen

Es nützt mir nichts Dir nachzutragen,
nach dem „Warum" mich bitter fragen,
das alles hat doch keinen Sinn,
ist der Zerstörung nur Beginn.

Es ist Vergangenheit, vorbei,
da hilft kein Weinen, kein Geschrei.
Es kann nicht mehr wie früher sein,
Du bist fort und ich allein.

Ich übe mich in Akzeptanz,
zeige Verständnis, Toleranz.
Dies lässt erheblich leichter leben,
ich werde Dir den Segen geben.

Ich trenne mich von unserer Zeit,
sehe sie mit Dankbarkeit,
und freue mich am eigenen Licht,
denn resignieren will ich nicht.

Für nichts

Man hat gefördert, getragen, gestützt,
wo man konnte, reichlich genützt.
Man hat geehrt, geliebt, verwöhnt,
Ausgleich geschaffen, getröstet, versöhnt.

Man hat gebetet, geschützt, gekämpft,
Wunden geheilt, Emotionen gedämpft
Doch alles war nicht gut genug,
die Mühe reiner Selbstbetrug.

Mangel

Immer an das Schlechte denken,
in den Mangel sich versenken,
zieht das Negative an,
dann ist man noch schlimmer dran.

Das goldene Tor

Mich in Dein Wesen einzuklinken,
vollkommen in Dir versinken,
Dich mit Ehre zu empfangen,
was könnte ich Schöneres erlangen!
Eine Freude ist es, Dich zu sehen,
zu erfassen, zu verstehen,
Dich zu fühlen und erleben,
mich der Liebe hinzugeben.

Du bist das, was mich erfüllt
und die Sehnsucht in mir stillt!
Ich danke für die große Gnade,
dass ich Dich gefunden habe!
Ich glaube an Dich wie nie zuvor
und gehe mit Dir durch das goldene Tor.

Weiterschreiten

Was hilft es unnütz festzuhalten,
statt loszulassen, sich zu entfalten,
sich auszudehnen, zu bewegen,
im Weiterschreiten liegt der Segen!

Unschuldig

Vielerlei was ihm nicht passt
gibt er weiter als Ballast.
Eigene Schuld kann er nie finden,
lässt sie bei anderen verschwinden.

Die Automatik wirkt perfekt,
als wäre sie von ihm entdeckt.
So ist seine Unschuld stets bewiesen
und er kommt flott aus allen Krisen.

Spielball

Wie oft hat sie ihn schon verletzt,
ihre Sticheleien gesetzt,
mit voller Absicht, gut durchdacht,
ihn ganz klein, sich groß gemacht.

Vom Guten hat sie gern genommen,
ihr Schlechtes hat er abbekommen.
Als Spielball hat sie ihn verbraten
und ist noch stolz auf ihre Taten.

Gute Wünsche

Ich will Dich tragen
in den Himmel hinein,
wie sehr wünsche ich mir,
Du würdest glücklich sein!

Die Schönheit des Universums
möge Dich umhüllen
und Dir, voller Güte,
Deine Wünsche erfüllen!

Die Herrlichkeit der Erde
liege Dir zu Füßen,
alle sollen Dich ehren
und voller Freude begrüßen!

Du wirst zu den
lieblichsten Plätzen geleitet,
die höchsten Segnungen
werden Dir bereitet!

Vor Rührung und Dankbarkeit
werde ich weinen
und Dich, wie eine Sonne,
mit Liebe bescheinen.

Hormongesteuert

Selbst der allerbravste Mann
sieht sich gerne Frauen an.
Es prägt ihn die Bedürfnisspur,
als Erhaltungstrick der Erdnatur.
Besagter Drang bleibt stets am Leben,
wird laufend neue Nahrung geben.

Sich aufregen

Man regt sich auf über Nichtigkeiten,
sinnlos fängt man an zu streiten,
es agieren Frustrationen,
die im Unbewussten wohnen.

Ein Kanal ist nun geschaffen,
aus den Worten werden Waffen,
damit schießt man wild um sich,
benimmt sich einfach fürchterlich.

Verbunden

Gerne reiche ich Dir die Hand,
denke daran, wie viel uns verband!
Was nützt der Krieg, sieh es doch ein,
Du machst Dich damit selber klein.

Was sich ereignete, stehe dazu,
denn diese Schatten, auch das bist Du.
Indem Du sie annimmst hast Du gewonnen,
und schon hat Dein innerer Aufstieg begonnen.

Zeige Deine Reife und gib mir die Hand,
denke daran, wie viel uns verband!

Liebesschwüre

Ein bewusstes Blenden mit Gefühlen,
zuerst locken, danach kühlen,
reichlich Vorteile genießen,
dann den Abgang zu beschließen,
Liebesschwüre vorzulügen,
die Wirklichkeit heißt nur betrügen.
Obacht geben und Achtsamkeit
erspart so manches Herzensleid!

Gereift

Die Trennung war kaum zu umgehen,
ich konnte Dich nicht mehr verstehen,
zutiefst verletzt war ich von Dir,
sah Dich als größten Feind von mir.

Und doch bin ich durch Dich gereift,
was man im Nachhinein begreift.

Aufgedeckt

Ich will nicht jammern und werde schweigen,
Du hast nur versucht mir aufzuzeigen
was als Schwachpunkt, noch unerlöst,
in meinem Inneren wohnt und döst.

Du hast ihn gefunden und aufgedeckt,
den Heilungsvorgang in mir erweckt.
Gezwungener Maßen sah ich es an,
es hat mir wirklich wehgetan!

So hat der Prozess seinen Lauf genommen,
und ich bin ein Stückchen weiter gekommen.

Zweierlei Maß

Sie ist vollkommen,
egal was sie macht,
bei ihr wird gebuckelt, gefolgt, gelacht.

Sie wird verwöhnt,
geehrt, getragen,
sie ist seine Göttin, kann man sagen.

Bei mir ist es anders,
ich bin zum Benutzen,
zum Abladen, Ausbaden, Aggressionen abputzen.

Strategien

Sein Weg hatte ihn zu ihr geführt,
von Zuneigung hat er nichts gespürt.
Sie ist hinter ihren Strategien gesessen,
hat ihn an Vorstellungen gemessen.

Sie hat seine Liebe nicht gelten lassen,
ihn eingeplant und dann verlassen.
Sie hat sich was Neues angelacht
und wieder nur an sich gedacht.

Vertrauen

Ich habe gelernt nichts mehr zu wollen,
nichts zu wünschen und zu sollen,
ich will nur sein und nicht mehr klagen,
die Schöpfung wird mich leitend tragen.

Wohlwollen

Ich will nicht kontrollieren,
Deine Lebenspläne zieren,
Deinen Weg blockieren,
mit Dir konkurrieren.

Ich will Dich befreien,
Dir und mir verzeihen,
Dich stets unterstützen,
Deinen Freiraum schützen.

Meine Mutter

Sie war edel und gut,
voller Energie und Mut,
friedlich und nett,
elegant und adrett.

Sie war, aus meiner Sicht,
wie ein strahlendes Licht.
Sie war gütig und gebend,
nach Höherem strebend,
fleißig und fit,
machte überall mit.

Sie war für Neues offen,
hat sich selbst übertroffen,
sie bewegte sich weiter,
war gelassen und heiter.

Sie war demütig und bescheiden,
jeder mochte sie gut leiden.
Sie tat die Werke im Stillen,
war groß im Pflichten erfüllen.

Wir wollen ihr gedenken,
sie mit Wertschätzung beschenken.

Schlecht gelaufen

Schon lockt die Gelegenheit,
gleich fühlt man sich beschwingt,
zum Seitensprung ist man bereit,
was dann auch gelingt.
Das Gewissen klinkt man aus,
zeigt sich schlau-verwegen,
lässt den flotten Hecht heraus,
um keine Gunst verlegen.

Längst ist man daran gewöhnt,
viele zu beglücken,
auserwählt, erfolgsverwöhnt,
man weiß sich auszudrücken.
Übermut hat übernommen,
Vorsicht lässt man sein,
die Familie hat´s vernommen,
vorbei ist´s mit dem Schein.

Jetzt wird Bilanz gezogen,
da sieht es recht schlecht aus,
es steht fest, man hat betrogen,
und so manches kommt heraus.
Die Trennung naht mit schnellen Schritten,
man hat sein Glück verspielt,
es hilft kein Schreien und kein Bitten,
der Schlussstrich sitzt gezielt.

Die Euphorie, sie ist verloren,
was hat sie denn gebracht?
Die Gedanken schmerzhaft bohren,
hätte man vorher nachgedacht.

Fragen

Willst Du mich für immer schätzen
oder wirst Du mich verletzen?

Willst Du mir nah sein, mich verstehen
oder hast Du vor zu gehen?

Willst Du in allem mir vertrauen
oder lieber auf andere bauen?

Willst Du mich fördern, unterstützen
oder drücken und benützen?

Willst Du mich stets zärtlich lieben
oder die Gefühle von Dir schieben?

Willst Du oder willst Du nicht?
Ich warte noch auf Deine Sicht!

Prioritäten

Es ist nicht wichtig für mich,
dass Du handelst wie ich,
dass Du so denkst wie ich denke,
dass ich bestimme und lenke.

Es ist wichtig für mich,
Du verbesserst Dich,
Du entwickelst Dich weiter,
Du wirst erfolgreicher und gescheiter.

Gute Sicht

Da ich mich selber lieben kann,
nahm ich auch Dich von Herzen an.
Ich sah Dein Licht, nicht Deine Schatten,
die sich in Dir verfangen hatten.

Befreiung

Die eigene Existenz verstehen,
ohne Erwartungen vorwärts gehen,
die geschlagenen Wunden heilen,
nicht im Tränenfluss verweilen.

Sich erheben, sich befreien,
der ganzen Täterschaft verzeihen,
sich wiegen in Unendlichkeit,
leicht und glücklich alle Zeit.

Unreif

Wie ein Kind sehe ich Dich spielen,
Du jonglierst mit den Gefühlen,
lässt Tränen und Kummer hinter Dir,
tobst Dich aus im Großrevier.

Unfair zeigt sich mir Dein Denken,
willst nur haben und nichts schenken.

Feststellung

Würdest Du mich wirklich lieben,
wärest Du freundlich stets geblieben,
hättest Du mir das Gefühl gegeben,
wie schön es war, mit mir zu leben.

Würdest Du mich wirklich lieben,
wärest Du freundlich stets geblieben,
hättest Du betont dass meine Liebe
stets etwas Besonderes für Dich bliebe.

Würdest Du mich wirklich lieben,
wärest Du freundlich stets geblieben,
hättest Du mich nicht verletzt,
Hass und Ablehnung gesetzt.

Jeder Tag

Das Leben ist so schön für mich,
so wundervoll und heiter,
auf jeden Tag, da freue ich mich,
ich weiß, er bringt mich weiter.

Die Fassung verloren

Mein Schmerz war tief,
gegen die Wand ich lief,
um den Kopf zu betäuben
und mich zu entleiben.

Es war nicht zu ertragen,
was ich hörte Dich sagen,
und so bin ich zerbrochen,
am Boden gekrochen.

Die Fassung verloren,
habe ich mir geschworen,
nie mehr zu vertrauen,
nie mehr auf andere zu bauen!

Meine seelischen Wunden
haben Heilung gefunden,
ich konnte mich fangen,
Entspannung erlangen.

Warum?

Hast Du nicht gespürt,
wie ich Dich liebe?
Hast Du nicht gefühlt,
dass ich Dich mag?
Du hast Dich versteckt
hinter Deinen Mauern,
Du hast Dich verschanzt
in dem Verschlag.

Hast Du nicht gehört,
dass ich Dich gerufen?
Hast Du nicht vernommen,
als ich angeklopft?
Du hast es versäumt
mich einzulassen,
Du hast Dein Herz
mit Stein verstopft!

Hast Du nicht gesehen
meine Tränen?
Hast Du nicht erkannt
mein großes Leid?
Du hast bewusst
mein Herz zerbrochen,
Du hast zerstört
mein zartes Kleid.

Vorgaben

Die Medien wollen konzipieren,
neue Muster ausprobieren,
sie prägen Denken und Verhalten,
um die Menschheit zu gestalten.

Stehen bleiben

Bleibe ruhig noch länger stehen,
Du musst nicht mit mir weitergehen.
Du kannst aus immer gleichen Sachen
ewige Wiederholungen machen.

Du hältst Dich an Gewohntem fest
und ignorierst den weiteren Rest.
Du setzt Dir selber die Blockaden,
die Dich hemmen und Dir schaden.

Jetzt hängst Du fest, ich gehe weiter
und grüße dich von der Himmelsleiter.

Nestgeschichte

Die Eine hat das Nest gebaut,
mit so viel Müh und Plage,
von weitem eine Andere schaut,
gepeilt wird schon die Lage.

„Ja, dieses Nest ist gut für mich
und wird mir vieles bringen!",
so denkt die Andere bei sich
und fängt schön an zu singen.

Sie erreicht mit ihrem Plan,
das Nest für sich zu kriegen,
zeigt den Besitz für alle an,
es tut gut zu siegen!

Die Eine, die das Nest erbaut,
wird nun mit Hohn beladen,
die Neue präsentiert sich laut,
versucht ihr noch zu schaden.

Sie setzt sich in das Nest hinein,
plustert stolz sich auf,
denn alles wird jetzt ihres sein,
so ist des Lebens Lauf!

Leidprogramm

Selbstbestrafung ohne Ende,
verzweifelt, hoffend auf die Wende.
Gottes Gnade hülle ein,
was nicht in der Liebe Schein!
Diese schwere Vorwurfslast
zieht mich nieder, schafft mich fast.

Ich kann kein Leidprogramm mehr sehen,
ich will mich lieben und verstehen,
losgelöst von den Problemen,
mich tröstend in die Arme nehmen,
die wahren Ursachen ergründen,
mit meinem Ursprung mich verbinden.

Komplimente

Auf Komplimente und Vertrauen
ist es besser nicht zu bauen,
denn sehr schnell wird man betrogen,
das „gut gemeint" war nur gelogen.

Treulos

Man nimmt sich einfach,
was man will,
sieht nicht, was man zerstört,
zwingt die Moralbedenken still,
vom Ego eingeschwört.

Man nascht bevorzugt anderswo,
will sich Vergnügen schenken,
man entflammt sich lichterloh,
wieso an Treue denken.

Neue Lust und Sexerleben,
das macht so richtig Bock,
es hat sich spielend so ergeben,
mit großen Busen, kurzem Rock.

Es scheint das Glück,
das man gefunden,
dies tut so richtig gut,
der Reiz liegt in den neuen Runden,
nicht im alten Hut!

Zu Hause weint dann Kind und Frau,
die man verlassen hat,
doch das nimmt man nicht so genau,
macht sie noch dafür platt!

Abhängig

Manche Trennung müsste sein,
der Verstand, er sieht es ein,
die Verbindung bringt kein Glück,
abhängig bleibt man zurück.

Doch das Gefühl, es lässt nicht gehen,
wie gebannt bleibt es nun stehen.
Findet man es auch sehr dumm,
man dreht sich immer wieder um.

Die Anziehung, sie hat gewonnen,
ein weiteres Kapitel hat begonnen.

Rollentausch

Ich würde wünschen, Du wärest ich,
und statt mir erlebtest Du Dich.
Bei der Behandlung, so ehrelos,
wäre Dein Entsetzen groß.
Bei Deiner Kälte, Deinem Ton
wärest Du in Verzweiflung schon.
Ich würde wünschen, Du wärest ich,
und statt mir erlebtest Du Dich.

Illusionen

In schönen Illusionen leben,
in Güte nur und Liebe schweben,
an jeden glauben, ihm vertrauen,
kann einen wirklich sehr erbauen.
Doch wehe, wenn der Schleier fällt
und man erlebt die wahre Welt!
Diese nährt auch Dunkelheit,
wer es erkennt, der ist gescheit!

Falsch gedacht

Ich hatte als Gegner Dich gesehen,
konnte die Gründe nicht ersehen,
zusammengezogen war mein Sein,
tief verletzt und winzig klein,
verzweifelt und von Angst erfüllt,
in schwerem Kummer eingehüllt.
Gar nichts hat es mir gebracht,
ich habe wohl nur falsch gedacht!
Die Erkenntnis zeigt mir klar,
ein Wachstumsschub dies alles war.
Um stark zu werden, zu verstehen,
muss man durch manche Unbill gehen.

Neue Samen

Was hat Dich so verändert,
ich erkenne Dich kaum mehr,
Deine Augen sind gerändert,
das Sprechen fällt Dir schwer.

Komm, lasse Dich umarmen,
ruhe Dich jetzt aus,
ich bin voller Erbarmen,
bei mir bist Du zu Haus.

Du kannst mir Tränen zeigen,
ich werde Dich verstehen,
mich voller Güte zu Dir neigen,
durch Deine Trauer gehen.

Die Lösung ist zu finden,
sie wartet schon auf Dich,
Du wirst es überwinden,
die Schleusen öffnen sich.

Und schon bist Du im Fließen,
der Stau hat sich befreit,
neue Samen sprießen
für gute Erntezeit.

Spiegel

Was an anderen Dir missfällt,
ist oft Teil der eigenen Welt.
Es ist vergraben und versteckt,
sodass man es nur schwer entdeckt.

Du erkennst es bei Dir selber nicht
und gehst mit anderen ins Gericht.
Doch Vibrationen der Resonanz
nehmen Dir schnell die Distanz,
ziehen Dich ins Geschehen ein,
ein Spiegel soll es für Dich sein.

Die Hinweise sind einzusehen,
suchend soll man in sich gehen.

Mein Held

Der Herr meines Herzens
bist Du für mich,
mit Höhen und Tiefen liebe ich Dich!
Du brauchst zu Deinem Schmuck
weder Gut noch Geld,
für mich bist Du auch so ein richtiger Held!

Übermensch

In ein Bild voll Glorienschein
hatte ich Dich gestellt,
der idealste Mann war mein,
als Mittelpunkt der Welt.

Mein Glaube war so tief erfüllt,
voll mit Begeisterung,
in Vertrauen eingehüllt,
mit immer neuem Schwung.

Der Übermensch, den ich erdacht,
konntest Du nicht sein,
aus der Täuschung aufgewacht,
will ich Dich befreien.

Du hast das Recht, ein Mensch zu sein,
mit vielerlei Nuancen,
das sehe ich ernüchtert ein,
höre auf mit den Avancen.

Falscher Ruhm

Man hat selber nichts zu zeigen,
macht sich anderer Werke zu Eigen,
den Urheber wird man verschweigen,
um sich dem Genius zuzuneigen.

So will man an Wert gewinnen,
die Bewunderung kann beginnen!
Skrupel lässt man dabei fallen,
Moralbedenken schnell verhallen.

So sonnt man sich ganz unverfroren,
im Licht, das Andere geboren.

Schöpfer

Weshalb greifst Du an,
schlägst wild um Dich,
wen willst Du treffen?
Ich hoffe, nicht mich!
Die Schuld zuzuschieben,
das gibt keinen Sinn,
sieh auf Dich selbst,
dort sei Dein Beginn!

Hier kannst Du ändern
was Dir nicht gefällt,
denn Du bist der
Schöpfer Deiner Welt.
Übernimm Deinen Posten
und fülle ihn aus,
nur so kommst Du
aus dem Schlamassel heraus.

Heutige Erwartungen

Sie lädt ihn ein,
ihr Geliebter zu sein.
Er soll: Bedürfnisse erfüllen,
Sehnsüchte stillen,
auf Händen tragen,
Komplimente sagen,
sie verwöhnen,
ihr Leben verschönern,
Liebe zeigen,
sich verneigen,
ein Loblied singen,
Geschenke bringen,
sie glücklich machen,
mit ihr lachen,
treu ergeben bei ihr leben.

Jagdinstinkt

Der Jagdinstinkt ist ausgebrochen,
man hat die Beute schon gerochen.
Dieser Duft der Nase schmeckt,
die Figur ist auch perfekt.

Die Gelegenheit erspähe,
dann suche dieses Körpers Nähe.
Knabbern, schmeicheln, flüstern, rasten,
fleißig spiele alle Tasten.

So wird der Eros schnell erweckt,
was immer weiter sich erstreckt.
Die Befriedigung, sie hält nicht lang,
die nächste Jagd ist schon in Gang.

Leistungssteigerung

Nur ständige Leistungssteigerung
erhöht die Spannung und hält jung.
Die Erwartung setzt sich fort,
ob beim Sex oder beim Sport.
Noch besser heißt es und noch mehr,
ansonsten fühlt man sich so leer!

Sexsucht

Sexsucht ist sehr weit verbreitet,
von der Suche hergeleitet,
man erhofft Bereicherung
von der Dosissteigerung.

Die Reize müssen sich vermehren,
um den Kick nicht zu entbehren.
In abartige Praxiszweige
gleitet man, fast bis zur Neige.

Alles heißt es auszuprobieren,
um die Lust verstärkt zu spüren.
Grenzen schwinden immer mehr,
wahllos läuft der Sexbegehr.

Man wird getrieben, wie im Zwang,
der Hauptpromoter ist der Drang.
Ersehntes Glück fand man doch nie,
jetzt führt der Weg zur Therapie.

Erste Wahl

Ich bin kein Trostpreis, merke es Dir,
ich bin die erste Wahl!
Du hast, wie immer, kein Gespür,
bereitest mir nur Qual!
Gehe, wo es besser scheint,
wo Liebe winkt und Glück,
genug gelitten und geweint,
ich sehe nicht mehr zurück!

Körperkult

Zärtlichkeit und gutes Wesen
sind einmal gefragt gewesen.
Heute ist der Körper wichtig,
liegen alle Maße richtig?

Cooles Outfit ist gefragt,
mancher Auftritt sehr gewagt,
grob und laut gehört dazu,
der Kontakt erfolgt im Nu.

So ist das Thema schnell vom Tisch
und man justiert sich wieder frisch.

Liebesrad

Hast Du es erlebt oder gehört,
dass man sich ewige Liebe schwört?
„Ich liebe Dich, ich brauche Dich!",
diese Worte wünscht man sich.

Da ist die Freude groß bemessen,
alle Vorsicht schnell vergessen,
hoffnungsvoll lässt man sich ein,
der richtige Partner wird es sein.

Die Welt scheint schön und wundervoll,
das Leben ein Spaß, die Gefühle toll.

Nach kurzer Zeit schon ist es aus,
wirft einem aus dem Traum heraus,
hereingefallen und ausgesperrt,
verliert die Beziehung schnell an Wert.

Gefühle sind nicht mehr erhoben,
man wurde schmählich abgeschoben.
Doch wenn er endet, der tiefe Frust,
aktiviert sich neue Lebenslust.

So dreht das Rad sich endlos weiter,
bis man endlich wird gescheiter.

Begehren

Man dreht sich im Tanz der Lustdominanz.
Man schwingt sich ein, will trendig sein.

Es vibriert vor Begehren,
man kann sich nicht wehren,
lässt sich verleiten sich auszuweiten.

Zum Freiwild erkoren,
den Überblick verloren,
vernascht von den Trieben
ist man liegen geblieben.

Das Idol

Jawohl, man braucht ein Idol!
Es wird präpariert
und mächtig verziert,
mit Sehnsucht umschlungen,
von Gefühlen durchdrungen,
idealistisch bestrichen,
mit Träumen verglichen.
Man fühlt sich entrückt
und zutiefst beglückt.

Schutzwall

Zweifel drehen ihre Runden,
vielleicht bin ich nicht gut genug,
die Liebe wäre schnell verschwunden,
mich einzulassen ist nicht klug.

Befürchtungen nicht zu genügen,
weggeworfen, einfach so,
abgespeist mit frechen Lügen,
man würde des Lebens nicht mehr froh.

Man könnte es nur schwer ertragen,
die Verzweiflung wäre groß,
so will man keine Öffnung wagen,
aus Angst vor einem Schmerzensstoß.

Zum Schutzwall hat man sich begeben,
versteckt sich, zieht sich ein,
man hat sich halt nichts zugetraut,
will in Sicherheit stets sein.

Mein Freund, der Vater

Oft habe ich zu Dir aufgeschaut,
Deiner Zuneigung vertraut.
Wie ich bin? War ich Dir recht?
Du fandest gar nichts an mir schlecht,
hast immerzu an mich geglaubt,
auch manchen Misserfolg erlaubt.

Einem großen Spektrum angehangen,
konntest Du manchen Preis erlangen.
Vielfältig war Dein Bestreben,
Mitgefühl sah ich Dich leben.
Leider bist Du nicht mehr hier,
ich ehre Dich und danke Dir!

Fernsehen

War der Tag mal wieder flau,
setze ich mich vor den TV,
tauche ein in diese Welt,
drücke wo es mir gefällt,
erlebe eine bunte Pracht,
die mein Leben spannend macht.

Modern

Man klatscht sich Applaus
und lebt sich aus.
Die Kontrollen schwinden,
es kommen die Sünden.

Man denkt modern,
zeigt sich so gern,
taucht ein in die Menge,
liebt das Gedränge.

Man lässt sich verehren,
wählt das Begehren,
glaubt es sei Liebe,
das sexuelle Geschiebe.

Man regt sich auf,
ist jetzt schlecht drauf,
andere sind aktuell,
das geht heute schnell.

Party

Metallische Töne zacken nieder,
fahren reißend in die Glieder.
Das Klanggefüge dehnt sich aus,
überfährt die Seele mit Gebraus.

Ungebremstes Lichtgeflacker
streift das coole Flirtgegacker.
Alkoholische Genüsse
ergießen sich in tiefe Küsse.

Auch so manche Aufputschdrogen
sieht man durch die Menge wogen.
Ein Gewirr aus Busen und Penis,
nirgends gibt es da ein Hemmnis!

Berühmt

Eine Berühmtheit will sie sein,
dazugehören im VIP-Verein,
schmücken alle Titelseiten,
um die Karriere einzuleiten.
Als Taktik will sie sich verdingen,
Affären lassen es gelingen.

Man bezirzt die Prominenz
bei journalistischer Präsenz,
lässt die Reize locker spielen,
um auf das Ergebnis hinzuzielen.

Schon ist er im Netz gefangen,
der Beziehung angehangen,
die Position wird fest gemacht,
dies geht leichter als gedacht.

Die Medien sind ganz entzückt,
der Plan ist wohl perfekt geglückt.
Da lehnt sie sich entspannt zurück
und badet sich in ihrem Glück.

Fernsehauftritt, Interview,
ein Lebensbuch kommt auch dazu.
Überall ist sie begehrt,
in der Promiwelt was wert.

Mit etwas Aufwand, wenig Kraft
ist der Lebenstraum geschafft!

Ausleben

Statt im Vorfeld nachzudenken,
das Geschehen bewusst zu lenken,
stürzt man sich voller Leidenschaft
in der Schwächen starke Kraft.
Man gibt sich hin und lässt sich treiben,
ein gier-betontes Einverleiben.
Der Konsum wird schnell gesteigert,
keine Handlungen verweigert.

Um den Trip noch zu versüßen,
lassen Gruppenorgien grüßen.
Gewalt und Drogen sind dabei,
manch abartige Quälerei,
immer mehr ist man versunken,
ausgebrochen, vollgetrunken.
Abgenutzt die äußere Hülle,
abgebrannt des Lichtes Fülle,
ausgespuckt von diesem Spiel,
selbstvergessen, ohne Ziel,
abgehakt die innere Würde,
trägt man eine Ekelbürde.

Labil und aus der Bahn getrieben,
verloren das Gefühl zu lieben.
Minderwert macht sich jetzt breit,
beklagend die missbrauchte Zeit.

Das Selbstbild, einmal stolz und toll,
ist jetzt traurig und jammervoll.
Immerhin hat man begriffen,
Saufen bringt nichts und Bekiffen.

Sucht-durchtränkte Körperfeuer
sind sehr gewagte Abenteuer!

Superstar

Man möchte auch Gewinner sein,
klinkt sich in die Sportwelt ein,
will eigenen Misserfolg vergessen,
durch Sportler sich an anderen messen.

Wenn der gewinnt, für den man hält,
ist auch der Ruhm für sich bestellt.
Man wird dann groß und wunderbar,
fühlt man sich selbst als Superstar.

Eine emanzipierte Frau

Ich bringe die Männer zum Erliegen,
ich will bestimmen,
ich will siegen!
Bewusst und machtvoll
möchte ich spielen,
mit Pfeilen in die Herzen zielen.

Manipulieren,
spotten, drücken,
provozieren und beglücken,
locken, führen, animieren,
ich halte die Zügel
und lasse sie spüren.

Ich will es genießen,
begehrt zu sein,
und gehe so manchen Deal dabei ein.
Ich bin eine Größe
und zeige dies her,
zurückzustecken fällt mir schwer.

Ich verwirkliche mich
und halte mich daran,
Karriere ist wichtiger als der Mann.
Devote Bindung
rückt in die Ferne,
einschränken lasse ich mich nicht gerne.

Doch irgendwann
habe ich ausgefeiert,
bin ausgebrannt und ausgeleiert.
Dann wird es Zeit mich umzusehen,
auf den, der etwas bietet, zuzugehen,
den Reichsten in Besitz zu nehmen,
zu einer Heirat mich bequemen.

Soll es auch ein Kind noch sein,
sage ich dann nicht mehr „Nein".

Bewunderung

Ich bewundere einen Star,
er ist perfekt und wunderbar!

Ich ahme nach, so viel ich kann,
ziehe mir ähnliche Sachen an,
verhalte mich in identischer Weise,
die Bilder Tag und Nacht ich preise.

So habe ich an Wert gewonnen,
kann mich in seinen Strahlen sonnen.

Lustobjekt

Sie nimmt sich
was ihr Körper will,
es gibt der Mann und leidet still,
zum Lustobjekt
schnell degradiert,
was Versagen programmiert.

Leistungen soll er erbringen,
nicht immer kann es ihm gelingen.
Mit Vibratoren konkurrieren
lässt Mann allemal verlieren.

Die Füße

Die Füße sind nicht zu beneiden,
ihre Freiheit ist bescheiden,
eingezwängt in spitzen Schuhen
müssen sie auf Stöckeln ruhen.

Und so tönt es „tack, tack, tack",
umhüllt von Leder oder Lack.

Erfolgsgeschichte

Erfolgsgeschichte willst Du schreiben,
Dir Millionen einverleiben,
viele junge Fans beglücken,
Dich in aller Blickfeld rücken?

Deine Haare musst Du raufen,
rasend auf die Bühne laufen,
Kreischgetöne von Dir geben,
um Gefühle zu beleben.
In-Tattoos und Piercings zeigen,
Hüfte schwingen, Popo neigen,
zu missgestimmten Lärmgitarren
in schrägen Zuckungen verharren.

Den Macho kehre stets heraus,
zeig Dominanz und strahl sie aus,
und Dein Blick, nicht zu vergessen,
sei animalisch und vermessen.
Dauerhaftes Kopfgenicke,
einfallsloses Textgestricke,
gekonnte Griffe ins Geschlecht,
so machst Du es allen recht.

Diese Mischung ist perfekt,
schon bist Du als Star entdeckt.
Die Mädchen kreischen, wie von Sinnen,
es ist erreicht, Du wirst gewinnen!

Shoppen gehen

Shoppen gehen macht viel Spaß,
man belohnt sich, gönnt sich was.
Die Palette ist gigantisch,
sportlich, modisch bis romantisch.

Die Wünsche kommen sehr begehrlich,
für das Etat nicht ungefährlich.
Der Verlockung schnell verfallen,
greift man ganz verzückt nach allem.

Der Kaufeslust ist man erlegen,
gibt sich dabei selbst den Segen.
Die Tüten kann man kaum noch tragen,
doch das Gefühl heißt Wohlbehagen.
Damit wertet man sich auf,
dann war es ja ein guter Kauf!

Vergnügen

Es ist beliebt, fein auszugehen,
dazu hinreißend auszusehen,
in noblen Restaurants zu speisen,
möglichst gleich auf Luxusreisen.

Schnäppchen

Ist es so billig,
kauft man es willig
und nimmt den Preis
als Schnäppchenbeweis,
glaubt es sei richtig
und hält sich für tüchtig.

Es fällt ins Gewicht,
man braucht es nicht,
es liegt in der Ecke
zu gar keinem Zwecke.

Moderne Kunst

Von der Bedeutung moderner Kunst
habe ich leider keinen Dunst.
Es macht mich hilflos sie zu sehen,
gerne würde ich sie verstehen.

Für mich ist sie sehr rätselhaft,
ich suche Deutung, suche Kraft.
Es liegt an mir wohl, muss ich sagen,
und hülle mich in Unbehagen!

Wünsche

Ist der Wunsch einmal erfüllt,
wird die Sehnsucht schnell gestillt.
Doch nach einer kurzen Freude
folgt ein weiteres Herzensleide.

Ein neuer Wunsch
erwacht zum Leben,
um die Erfüllung anzustreben.
Beständig macht sich eines breit:
Ewige Unzufriedenheit!

Hamstern

Die Schränke sind zwar überfüllt,
doch ist die Kauflust nicht gestillt,
man drängt sich hektisch durch die Massen,
will sich nichts entgehen lassen.

Gruppendynamik

Das Leben plätschert so dahin,
unbedeutend, ohne Sinn.

Man sehnt sich nach Bestätigung,
nach Zugehörigkeit und Schwung,
will Mitglied einer Gruppe sein,
wird integriert, lässt sich darauf ein.

Man bildet einen Teil des Ganzen,
da haben auch die Schwachen Chancen.
Gleichgeschaltet wird das Denken,
neue Normen Stärke schenken,
was man alleine sich nicht traut,
hier werden Grenzen abgebaut,
um manchem dunklen Ziel zu nützen,
wo Gewalt und Unrecht blitzen.

Gruppendynamik potenziert,
die Individualität verliert.

Die Zigarette

Die Zigarette zu umfassen
will man sich nicht nehmen lassen,
man hält mit Liebe sie umfangen,
glaubt, Halt und Freiheit zu erlangen.

Äußerer Schein

In hohem Kurs steht äußerer Schein,
man will was zeigen, will wer sein,
modern gekleidet, chic behangen,
um die Blicke einzufangen.

Hat man auch nicht viel zum Leben,
selbstbewusst wird man sich geben,
zeigt sich stets in neuen Sachen,
damit kann man Eindruck machen.

Die eigene Herrlichkeit

Nichts hat man
und fühlt sich kläglich,
die Situation ist unerträglich.
Rasche Hilfe ist vonnöten,
verzweifelt fängt man an zu beten.

Und siehe da,
es klappt ganz gut,
schon steht man auf,
hat wieder Mut.
Der Weg geht eindeutig nach oben,
es ist Zeit, den Gott zu loben.

Bei großen Erfolgen denkt man sich:
„Die Gnade des Himmels leitet mich!"
Anerkannt, berühmt, geehrt,
beliebt ist man und sehr begehrt,
umschwärmt, bejubelt, respektiert,
was nun zu einer Umkehr führt.

Schleichend, anfangs unbemerkt,
die Eitelkeit hat sich verstärkt.
Das Ego bläst sich mächtig auf,
gibt den Hochmut obendrauf.
Da ist die Arroganz nicht weit,
macht sich zusätzlich noch breit.

Mit diesem Trio ausgestattet,
sind die Gebete schnell ermattet.
Der eigenen Herrlichkeit zu frönen,
lässt man sich bewundern
und verwöhnen.

Verkehrte Welt

Denkst Du auch, wie schön es ist,
wie verliebt das Paar sich küsst,
strahlend von der Titelseite,
dass dieser Anblick Freud bereite?

Den besten Platz spendiert die Presse,
dass man die Sensation ermesse.
Die frisch Verliebten sind gebunden,
doch daran hat man nichts gefunden.

Ein Hoch auf diese Vorbildlichen,
von Ehe und Kindern abgewichen!
Das neue Glück wird präsentiert,
der Öffentlichkeit vorgeführt.

Der Stellenwert ist nun gestiegen,
mehr Anerkennung wird man kriegen.

Zeitvertreib

Mit Aggression als Zeitvertreib
rückt man anderen auf den Leib,
man kühlt sein Mütchen, seine Macht,
hat man geschadet, wird gelacht.

Reinheit

Vorgestellter Reinheitsschein
zeigt sich allen licht und rein,
doch auch unter Kirchenschutz
findet sich gar mancher Schmutz.

Innerliche Sündengüsse,
äußerliche Weltgenüsse,
die Wahrheit zeigt wohl dunkle Flecken
und manche nicht gekehrte Ecken.

Die Schwächen aller Menschlichkeit
machen sich auch im Klerus breit.
Verständnisvoll sei zugedeckt,
was die Reinheit so befleckt.

Zweigesichtig

Ein guter Eindruck ist ihr wichtig,
dahinter ist sie zweigesichtig.

Sie dreht sich schneller als der Wind,
ändert Standpunkte geschwind,
lässt sich von niemandem erfassen,
den Kontakt sollte man lassen.

Kommunizieren

Wie viel Unrecht es doch gibt,
zu diskutieren ist beliebt.
Was man einem angetan
kommt bestimmt als nächstes dran.

Mit Genuss wird ausgebreitet,
welche Krankheit Pein bereitet.
Als nächstes Thema wird man wählen,
über andere zu erzählen.

Die Begeisterung ist zu spüren,
so übt man sich im Kommunizieren.

Pflichten

Pflichten, sie sind schnell vergessen,
auf Vergnügungen ist man versessen.
Da werden Aufgaben zur Qual,
ihr Geschmack ist öd und fahl.

Belastungen schiebt man zur Seite,
sucht sodann beschwingt das Weite.
So übertönt man den Verdruss,
es lebt sich gut für den Genuss!

Weggedrücktes bringt die Wende,
Ablenkung erhält ein Ende.
Ungeliebtes weggeschoben,
störend drängt es sich nach oben.

Es hat sich vieles angesammelt,
ungeordnet und vergammelt.
Das bereitet Kopfzerbrechen,
das Schicksal lässt sich nicht bestechen.

Alle Ausflucht war vergebens,
gehört zur Illusion des Lebens.

Die süße Verführung

Es ist der Drang, der sie erfüllt,
und keinen Hunger wirklich stillt.
Grenzen finden fällt ihr schwer,
da wird es schnell mal etwas mehr.

Das Süße ganz besonders zieht,
heimlich, wenn es keiner sieht.
Zwanghaft wird sie sich beladen,
mit Kuchen, Keksen, Schokoladen.

Erst wenn dieses aufgegessen,
ist das Thema kurz vergessen.
Dann meldet sich die Schuldzuweisung,
wegen dieser Essentgleisung.

Behäbig fühlt sie sich, und voll,
die Gefühlswelt schwenkt auf Moll.
Selbstverachtung macht sich breit,
Verurteilung ist an der Zeit.

Jetzt wird sie den Schlussstrich machen,
verzichten auf die süßen Sachen!
Endlich wird sie Stärke zeigen
und sich dann vor sich verneigen.
Doch die Verlockung wartet schon,
die Sucht stellt sich in Position.

Aber irgendwann ist es geschafft,
ganz locker und mit Siegeskraft.
Nur heute will sie noch genießen,
das wollen wir ihr nicht vermiesen.

Probleme

Es ist gut, Probleme zu begreifen,
denn an Konflikten wird man reifen.
Zwar sind sie oftmals schwer gemeistert,
doch hinterher ist man begeistert.

Auserwählt

Einige fühlen sich auserwählt,
um andere zu belehren,
glauben mehr wie sie zu sein,
wollen sie bekehren.
Überheblich, selbstbewusst,
sieht man sie agieren,
vollgepumpt mit Ego-Luft,
wohin soll das führen?

Gleichgewicht

Erwarte nichts, sei auf der Hut,
Enttäuschungen tun Dir nicht gut!
Lasse Dich bitte nicht verletzen,
in Opferpositionen setzen.

Halte Dich im Gleichgewicht,
sei nicht beengt in Deiner Sicht.
Nimm die Menschen einfach an,
dann hast Du viel für Dich getan.

Austeilen

Der Ausdruck ist heruntersetzen,
unterdrücken und verletzen,
Urteil brechen, kritisieren,
die Verachtung kann man spüren.
Schuld zuweisen ist genehm,
abzuladen sehr bequem.

Der Empfänger wird es tragen,
sich den Widerspruch versagen,
alles gegen sich verwenden
und in Depressionen enden.

Nicht immer „Recht"

Selbstgefällig, voller Arroganz,
abschätzig der Blick,
künstlich aufgepeppter Glanz,
man erhöht sich gern ein Stück.

Unfehlbarkeit in einer Robe
tut der Selbsteinschätzung gut,
triefend voll mit Eigenlobe
und machterfüllter Glut.

Im Geiste zählt man schon die Summen,
die man klug für sich erbracht,
manche Klienten sind die Dummen,
es wird gespottet und gelacht.

Das Gewissen scheint zu dösen,
Ethik schiebt man weit von sich,
Gott möge diesen Stolz erlösen,
es ist sehr bedauerlich!

Wo ist die Menschlichkeit geblieben,
die Hilfe und Vertrauen bringt?
Selbstherrlichkeit wird groß geschrieben,
die alles andere niederringt.

Erleuchtung

Sie hat gesagt, es sei so weit,
in ihr ist nur noch Heiligkeit.
Sie lächelt selig vor sich hin,
weil ein Engel ihr erschien.

Beglückt singt sie und rezitiert,
Erleuchtung wird hier zelebriert.
In jedem Ausdruck zart und fein,
nicht jeder kann so herrlich sein!

Leider ist das Bild nicht echt,
wird der Wahrheit nicht gerecht,
es zeigen sich so manche Tücken,
beträchtliche Charakterlücken.

Die hat sie vorschnell übersehen,
wollte zu rasch oben stehen.
So übe man sich lange Zeit
in Demut und Bescheidenheit!

Egoisten-Leben

Das Ego will sein Zepter schwingen,
die Kontrolle an sich bringen,
raffiniert schleimt es sich ein,
es will herrschen, ganz allein.

Alles dreht sich um das Ich,
es gibt nur mich und mich und mich.
Der eigene Wert wird fokussiert,
den Mittelpunkt man selber ziert.

Man erwartet Huldbezeugung,
demutsvolle Haltungsneigung,
bleibt am Haben-Wollen kleben,
führt ein Egoisten-Leben.

Schatten

Meine Schatten liebe ich,
Lehrmeister sind sie für mich.
Sie erscheinen schwer und dicht,
doch aufgelöst sind sie nur Licht.

Straßen-Lächler

Charmant ist er und gut gelaunt,
dass ein jeder nur so staunt.
Doch kaum hat er sein Heim erreicht,
dieser Ausdruck von ihm weicht.

Grantig, lästig, kommandieren,
sich als Herrscher aufführen,
dies ist die echte Passion
und der wahre Innen-Ton!

Oberschuft

Aufbegehrend sich beklagen,
rücksichtslos die Meinung sagen,
mit aggressivem Drohverhalten,
massive Vorwürfe gestalten,
destruktive Schimpftiraden,
ausgestreut nur um zu schaden,
aufgefüllt mit böser Luft,
zeigt man sich als Oberschuft.

Zwei Seiten

Nichts ist nur gut
und nichts nur schlecht,
jeder hat einmal,
doch nicht immer Recht.

Nicht alles ist ernst,
so wie es scheint,
nicht jede Kränkung
war böse gemeint.

Die eigene Sicht
ist oft nicht real,
des Lebens Hürden auch Wert,
nicht nur Qual.

Die Liebe ist meist nicht das,
was man denkt,
und selten bekommt man
etwas geschenkt.

Finde die Nachricht,
die im Hintergrund liegt,
die Zweiheit wird
durch Erkenntnis besiegt.

Psychogramm

Wie beim Autofahren
zeigt sich das Leben,
vom langsam fahren
bis Vollgas geben.
Vorwärts, rückwärts,
stehenbleiben,
am Rastplatz sich
die Zeit vertreiben,
überholen, sich verfahren,
schreien, schimpfen,
Ruhe wahren,
besser wissen, kritisieren,
einen Krieg mit anderen führen.
Überall drückt man sich aus
und lässt ein Psychogramm heraus.

Bescheidenheit

Bescheidenheit wird überrannt,
als Positivum nicht erkannt.
So wird man häufig übersehen,
kann ganz schnell im Abseits stehen.

Hoffnung

Du glaubst es stagniert,
dass alles blockiert,
hast vieles probiert,
doch nichts funktioniert.

Lass die Hoffnung nicht gehen,
versuche zu verstehen,
Phasen kommen und gehen,
die aus Rhythmen bestehen.

Gib bloß nicht auf,
bald geht es bergauf!

Mode

Die neue Mode ist ein Muss,
nur mit ihr bleibt man in Schuss!
Ihr Diktat ist äußerst wichtig,
so kleidet man sich immer richtig.

Diskriminiert

Kennt ihr die?
Viele lästern über sie,
sie hat keinen Mann,
keiner schaut sie an.

Geld fehlt ihr auch,
von Eleganz jeder Hauch,
wir sind nur wer,
sie passt nicht her!

Man würdigt sie nicht,
hält einfach Gericht,
bewirft sie mit Häme,
dass sie sich schäme.

Man fühlt sich überlegen
ist sie zugegen,
man behandelt sie schlecht,
nimmt ihr jedes Recht.

Doch so einfach geht es nicht,
dass man sein Urteil bricht!
Wer weiß von ihren Sorgen?
Die quälen schon am Morgen.
Wer sieht sie abends weinen,
in ihrem Zimmer, dem kleinen?

Verzweifelt und verlassen
kann sie die Angriffe nicht fassen.
Keinem hat sie etwas getan,
doch sieht man sie verächtlich an,
und dies in einem christlichen Ort,
am liebsten ginge sie sehr weit fort.

Jammern

Der ganze Tag besteht aus Jammern,
sich an Negatives klammern.
Vergleichen lässt sich allerlei,
es wird betont, wie arm man sei.

Ungerecht ist halt das Leben,
für einem scheint es nichts zu geben,
als Spielfeld einer höheren Macht,
die ständig quält und dazu lacht.

Man hat allen Grund zu klagen
und Beschimpfungen zu wagen,
schreiend Hiebe auszuteilen,
an der Leidensrolle zu feilen.
Und wieder ist ein Tag verstrichen,
der dem vorigen geglichen.

Einst

Einst war man eine tolle Nummer,
jetzt ist man alt, ertrinkt im Kummer.

„Wo sind die Blicke, die mich suchen,
die Verehrer, die mich buchen,
die Späße und die Komplimente?"
Es ist vorbei, man ist in Rente.

Das Alter hat sich breit entfaltet,
das Äußere ganz neu gestaltet.
Es zeigt das Bild sich schicksalhaft,
es fehlt an Schönheit und an Kraft.

Verwelkt, verrunzelt und verblichen
kommt man krumm dahergeschlichen.
Der Schwung ist raus, das sieht man ein,
es kann nicht mehr wie früher sein.

Man lehnt sich noch ein wenig auf,
dann fügt man sich dem Lebenslauf.

Werbung

Die Werbelandschaft ist perfekt,
Psychologie dahinter steckt,
wo vieles eine Rolle spielt,
die Einflussnahme sitzt gezielt.

Traumerfüllung wird erweckt,
Gefühlsempfindung angesteckt,
Wohlfühlklima vorgegaukelt,
der Alphazustand eingeschaukelt.

Töne und Bilder untermauern,
dass die Slogans überdauern
und viele jetzt im Inneren wissen:
Dieses Produkt darf man nicht missen!

Nichts wert

Ich hatte mich selber ausgesperrt,
glaubte ich sei gar nichts wert.
Natürlich dachtest Du das auch,
machtest reichlich davon Gebrauch.

Einmischen

Warum mischst Du Dich bei anderen ein?
Jeder lebt in seiner Welt.
Wie Du kann doch nicht jeder sein,
nur tun, was Dir gefällt.

In Deine Wahrheit sei gehüllt,
dies ist Dein gutes Recht,
auch der Andere seinen Sinn erfüllt,
ob dies gut ist oder schlecht.

Endabrechnung

Die Endabrechnung kommt am Schluss
und sorgt dabei meist für Verdruss.
Was man verpatzt wird aufgetischt,
jeder Fehler aufgefrischt.

Eingetaucht in das Bedauern
wird man sich zusammenkauern,
vorwurfsvoll herunterputzen
und eine neue Chance nutzen.

Märchen

Sie erzählt ihm unumwunden
Märchen, die sie frei erfunden.
Kommt ein Blödsinn auch heraus,
keineswegs lernt sie daraus.

Sie wähnt sich schlau und überlegen,
versucht gekonnt ihn zu bewegen.
Launig, vorwurfsvoll und laut
wird sie, wenn er sie durchschaut.
Sie führt ein strenges Regiment,
das nur ihren Taktstock kennt.

In sich selbst

Man rennt um die Welt
und wird nicht erhellt.
Man sucht nach Licht
und findet es nicht.

Da sieht man es ein,
Außen kann es nicht sein.
Suche doch hier,
das Glück wohnt in Dir!

Das Alter

Jeder möchte die Jugend behalten,
niemand wird gerne alt,
doch die Naturgesetze walten,
machen vor keinem Halt.

Das Spiegelbild, es wird gemieden,
der Anblick macht sonst krank,
Jahre stehen im Gesicht geschrieben,
Energie fehlt schon im Tank.

Mit hängendem Kopf und Depressionen
schleppt man sich dahin,
kämpft mit vielen Emotionen,
erkennt am Altern keinen Sinn.

Vom Rückwärtsgang erhofft man Hilfe,
der Anfang ist geglückt,
schon hat man sein ganzes Denken
in die Vergangenheit gerückt.

Die Lebendigkeit fängt an zu steigen,
die Begeisterung erwacht,
man zehrt von Leistungen und Erfolgen,
die man einst erbracht.

Man war begehrt, so hübsch und tüchtig,
Freude erhellt das Leben,

erinnert werden die Heldentaten,
die einem Aufschwung geben.

Aus dieser Sicht ist man im Jetzt
auch wieder recht versöhnlich,
sieht sich als besonderen Menschen an
und nicht als altgewöhnlich.

Sich beschenken

Willst Du Dir was Schönes schenken,
dann ändere einfach nur Dein Denken,
lasse die dunklen Wolken gehen,
statt sie dauernd anzusehen.

Willst Du Dir was Gutes gönnen,
kannst Du Dich von Ängsten trennen,
die wirken sonst wie ein Magnet,
der auf Anziehung besteht.

Vorbei

Es glaubt der Mensch
sich voller Macht,
er holt sich, was er will,
lebt im Reichtum, stolzer Pracht,
die Wünsche stehen nie still.

Und doch, denkt er im Hintergrund,
auch er muss einmal gehen,
dann tut sich auf
des Todes Schlund,
es ist um ihn geschehen.

Besitz und Einfluss
bleiben zurück,
die Seele nur besteht,
der Genüsse rasches Glück
ist im Nichts verweht.

Das Außen hat man meist betrachtet,
verzettelt seine Kraft,
die inneren Werte nicht beachtet,
gehortet und gerafft.

Jetzt hat man nichts vorzuweisen,
der Ruhm, er ist verblasst,
die Gedanken ratlos kreisen,
fast alles ist Ballast.

Änderung

Es ist zu sehen,
Du lässt dich gehen,
lebst keine Freude,
versinkst im Leide.

Deine trüben Gedanken
lassen Dich wanken,
sie engen Dich ein,
Du glaubst Dich allein,
verschließt Dich mehr
und trägst so schwer.

Sei nicht stur,
geh in die Natur!
Lass Dich tragen,
ohne zu fragen.

Hör auf zu klagen
über Verlust und Versagen,
dies bringt Dir nichts ein,
kann Heilung nicht sein.

Ändere die Sicht,
vertraue dem Licht!

Abschied

Der Abschied ist kein Enderleben,
nur ein Übergang,
endlos breitet sich das Leben,
Wiederkehr setzt sich in Gang.

Unterdrückte Gefühle

Unterdrücke Deine Gefühle nicht,
sonst erhalten sie noch mehr Gewicht.
Versuche stets sie zu erfragen,
höre gut zu, was sie Dir sagen.

Setze Dich auseinander
mit dem, was Du fühlst,
Du entziehst ihre Hitze,
indem Du sie kühlst.

Sieh Dein Bedürfnis hinter den Dingen,
dann wird die Erklärung Dir besser gelingen.
Durch dieses Wissen machst Du Dich frei
und fühlst Dich nicht so hilflos dabei.

Das Leben schätzen

Ich hatte reichlich mich beschwert,
mein Leben schien mir wenig wert.
Todessehnsucht hat mich umfangen,
durch tiefste Trauer bin ich gegangen,
stets bereit, ein Ende zu setzen
und mich selber zu verletzen.
In größtem Leid
habe ich mich gewunden
und wäre beinahe
von der Erde verschwunden.

Doch plötzlich hat es sich umgedreht,
ein Umstand, den man nicht leicht versteht.
Einige schienen nach
meinem Leben zu trachten,
ich musste mich schützen
und auf mich achten.

Nun erst wurde mein Wert mir klar,
dass ich ein Gotteskind bin und war.
Ein Wesen mit allem Segen der Welt,
mit Absicht an diesen Platz gestellt.
Ich fing an zu kämpfen,
zu beten, zu flehen,
die Schöpfung zu bitten
mir beizustehen.

Dankbar erlebe ich
jede Stunde, jeden Tag,
wie sehr ich mich
und mein Leben jetzt mag!

Ein Schwarzmagier

Er hat sich unbedacht verleiten lassen,
zu verdammen und zu hassen,
sich dem Bösen zuzuwenden,
seine Gifte auszusenden.
Er ist erfüllt von Rachegelüsten,
will sich vor seinen Kumpanen brüsten.
Zu hofieren ist der große Meister,
der mächtig wird durch dunkle Geister.

Riskante Beschwörung großer Dämonen
ist gefährlich, sie könnten ihn bewohnen.
Mit seiner Seele ist es dann vorbei,
sie würden ihr habhaft,
mit Gestank und Geschrei.
Er ist verloren, es hilft kein Ringen,
sie werden ihn zum Dienen zwingen.
Vorbei ist es mit seinem Treiben,
das Dunkle wird ihn einverleiben.

Energievergeudung

Man quält sich herum
mit Angst und Sorgen,
denkt wie es war und auch an morgen.

Leid erinnernd zieht man die Falten,
um Vergangenes festzuhalten.
Man spielt es ab, hinauf und nieder,
belebt es dadurch immer wieder.

Der Zukunft nähert man sich an,
grübelt nach, was kommen kann.
Man vergeudet Energie,
geholfen hat so etwas noch nie!

Verpennt

Ein gutes Argument
hast Du verpennt,
deshalb schreist Du herum
und sagst, ich sei dumm.

Schwarzmagische Loge

Die dunkle Macht
will sich verstecken,
durch Beeinflussung
die Ängste wecken,
unsichtbar in der Gestalt,
mit boshafter Zerstörgewalt.

Durch Rituale angezogen,
niedere Gedanken wogen,
Unglück, Elend, manipulieren,
gefügig machen und blockieren.

Ein großes Spektrum
steht zur Wahl,
dazu zählen Tod,
Siechtum und Qual.
Lücken und Schwächen
sind entdeckt,
teuflische Pläne ausgeheckt.

Die arglosen Opfer
werden geschunden,
an die schrecklichsten
Sachen gebunden.
Die Zersetzung nimmt ihren Lauf,
man ist überschattet
und kommt nicht drauf.

Hat dieser Prozess
einmal begonnen,
ist das Leben schnell verronnen.
Die Loge fühlt
sich nun als Sieger,
wen sie will, den macht sie nieder.

Ein Betrüger

Er versucht die Kunden zu betrügen,
übervorzuteilen, anzulügen,
sieht ihnen dabei ins Gesicht,
eine Moral kennt er wohl nicht.

Er steuert sie mit viel Geschick,
durch Sprache, Ausdruck, seinen Blick.
Die Opfer sind klug ausgewählt,
der Gewinn ist es, der zählt.

So scheffelt er recht unverfroren,
was andere durch ihn verloren.
Sie haben ihm zu sehr vertraut,
auf seine Ehrlichkeit gebaut.
Ernüchterung macht sich nun breit,
vorbei ist die Verbundenheit.

Das Dunkle

Sieh das Dunkle, es hat Macht,
kann agieren Tag und Nacht.

Es tobt sich aus mit Lust und Freude,
labt sich an des anderen Leide,
ist auf Zerstörung eingestellt
und beherrscht die Erdenwelt.

Eine Eingeweihte

In Segnungen kauft man sich ein,
Meisterin kann man jetzt sein!

Man wird zu einem Lichtkanal,
Zeichen und Formeln stehen zur Wahl.
Es kommt nicht auf den Charakter an,
wenn man die Gebühren bezahlen kann.

So läuft es dann nicht immer richtig,
statt zu dienen ist man eigensüchtig.

Das Böse

Das Böse ist erwacht,
für Profit und Macht.
Zuerst scheint es klein,
unerkannt steigt es ein.

Es erstarkt immer mehr,
sein Einfluss wiegt schwer.
Bald ist man gefangen,
in den Stricken verhangen.

Man wird jetzt gelebt,
das Böse, es webt.
Das Gewissen erstirbt,
der Charakter verdirbt,
das Dunkle obsiegt,
das Licht verfliegt.

Verschwiegen sein

Sprich nur wenig über Deine Freuden,
andere werden sie Dir neiden.
Die persönliche Missgunst wird geweckt,
wenn man dies auch gut verdeckt.

Der Angreifer

Er agiert nicht fair, korrekt,
sondern heimlich und versteckt,
als braver Bürger schlau bedeckt,
wird fleißig Böses ausgeheckt.

Er hat dem Dämon sich geweiht,
nützt die beste Einflusszeit,
zum Angriff macht er sich bereit,
wähnt sich machtvoll und gescheit.

Die Beschwörung ist vollführt,
das Opfer deutlich observiert,
schlimme Flüche rezitiert,
Stichabfolgen kombiniert.

Feige aus dem Hinterhalt,
verbreitend Elend und Gewalt,
die Energien sind geballt,
mit Gefühlen eisig kalt.

Scheinbare Helfer

In vielen Masken
können sie sich zeigen,
mit beruhigender Stimme
zu Dir neigen,
an Wohlwollen und Können
glauben lassen,
Dich an Vertrauenspunkten fassen.
Sie lullen Dich ein
mit trautem Gehabe,
zeigen sich behilflich
in jeder Lage.
Der verderbliche Einfluss
wird verstärkt,
was man anfangs nicht bemerkt.

Es wird alles genommen,
alles zerstört,
sodass einem am Ende
nichts mehr gehört.
Aufmerksam gilt es
die Welt zu durchschreiten,
Urteilsvermögen sollte einen begleiten.
So kann man den Schein
von der Wahrheit trennen
und nicht so leicht
ins Verderben rennen.

Suche nach dem Sein

Auf der Suche nach dem Sein
fühlt man sich oft winzig klein.
Rätselhaft sind viele Zeichen,
die Schleier wollen gar nicht weichen.
Es wird die Sehnsucht fast zur Pein,
man ist zwar hier, doch nicht daheim.

Wirklichkeit

Anerkennung erwartet man und Liebe,
dass man immer glücklich bliebe.
Man will etwas gelten, bewundert werden,
etwas erreichen hier auf Erden.

Die Nummer Eins soll jeder denken,
aufmerksame Blicke schenken.
Doch leider ist die Wirklichkeit
zur Wunscherfüllung nicht bereit.

Man wird gedrückt, beschimpft, getreten,
heimgesucht von vielen Nöten,
steht weit unten, eingezwängt,
von vielen anderen verdrängt.

Jeder Mensch

Jeder Mensch lernt und belehrt,
ist für die Erde wichtig,
jeder Mensch hat den gleichen Wert,
ist auf seinem Posten richtig.

Jeder Mensch muss weiter schreiten,
sich immer mehr durchlichten,
jeder Mensch hat sich vorzubereiten,
die Erkenntnisse zu sichten.

Jeder Mensch hat das gleiche Ziel,
aber nicht zur selben Zeit,
jeder Mensch hat den eigenen Stil,
ob der Weg noch kurz oder weit.

Vielfalt

Vielfalt prägt den Lebensraum,
seine Fülle erfasst man kaum,
Wunderwerke, reich bemessen,
den Schöpfer darf man nicht vergessen!

Erhoffte Hilfe

Tief in mir ist sie aktiv,
die Kraft, die stets verneint,
sich erhebt mit großer Macht
und mich zu leben scheint.
Schöpfe ich einmal neuen Mut,
sagt sie: „Du bist zu schwach!
Du schaffst es nicht, Du bist zu blöd!"
Und wieder gebe ich nach.

Langsam glaube ich es selbst,
dass ich zu gar nichts nütze,
alles läuft bei mir verkehrt,
ich brauche eine Stütze.

Ich sehe mich nach Hilfe um
und muss nicht lange suchen,
Meister, Heiler, Kartenleger
werden ich jetzt buchen.
Voller Hoffnung halte ich mich fest
an Diesem und an Jenem,
möchte so gerne erfolgreich sein,
mich nicht mehr für mich schämen.

Ich fahre hin und laufe her,
bin ein guter Kunde,
aus vollem Herzen danke ich,
viel Geld geht seine Runde.

Ohne Helfer geht es nicht,
ich selbst bin schwach geworden,
konsultiere jederzeit
bei Ängsten, Kummer, Sorgen.
Doch überall das gleiche Muster,
Ernüchterung macht sich breit,
die selbsternannten Alleskönner
zeigen große Fehlbarkeit.

Haltlos bin ich abgesunken,
der Frust, er sitzt sehr tief,
sie haben mich noch mehr belastet,
mein Gleichgewicht hängt schief.
Durch das Erlebte schwer getroffen,
bin ich noch schlechter dran,
und da keiner mir mehr helfen kann,
komme ich wieder bei mir an.

Verzweifelt sehe ich mich um
und entdecke da ein Licht,
es gibt mir Halt, Geborgenheit,
belügt, betrügt mich nicht.
Ein Geschenk der Schöpferkraft,
das in allen Menschen ruht,
es führt mich sanft und leitet mich,
und alles ist jetzt gut.

Das Leben

So zieht das Leben rasch vorbei,
es war, kommt nicht zurück,
wehmütig schaut man hinterher
und sucht ein bisschen Glück.

Die wunde Seele steht allein,
schaut an sich selbst herab,
sehnt sich nach dem Sonnenschein
und fällt dann doch ins Grab.

Eltern

Als Vorbild wurde man bestellt,
als tragende Stütze in der Welt,
die gute Richtung einzuleiten,
Entwicklungsstufen zu begleiten,
durch das Sein und das Verhalten
die Bedingungen gestalten.

So sind die Eltern schicksalsträchtig,
ihr Einfluss ist nachhaltig und mächtig.

Annehmen

Erzwinge nichts, nimm es an, wie es ist,
beklage Dich nicht, wie bedrängt Du bist.
Akzeptiere einfach den Sinn der Welt,
der Dich vor Lernaufgaben stellt.

Ewige Liebe

Bin ich einmal nicht mehr hier,
so trauere nicht um mich,
kannst Du mich auch nicht mehr sehen,
ich lasse Dich nicht im Stich!

Ich lebe weiter, ganz bestimmt,
und bleibe mit Dir verbunden,
helfe, wo es möglich ist,
versorge Deine Wunden.

Ein Erdenleben ist doch nichts
im Vergleich zur Ewigkeit,
wir werden niemals uns verlieren,
die Liebe bleibt für alle Zeit!

Enttäuschungen

Willst du gut sein, hüte Dich,
Du könntest zu viel geben,
am Ende stehst Du jämmerlich,
hast selbst nichts mehr zum Leben.

Achte auf das Gleichgewicht,
von verströmen und empfangen,
auf dieser Basis irrst Du nicht,
wirst zum Glück gelangen.

Sich vergleichen

Der Gewohnheit, sich zu vergleichen,
wird die innere Ruhe weichen.
Sieht man zu anderen empor,
kommt man sich ganz nichtig vor.

Sich über andere zu erheben,
wird die Einbildung beleben.
Sei zufrieden mit dem, was Du bist,
es bringt nichts ein,
wenn man sich misst.

Bumerang

Es ist leicht sich aufzuspielen,
in Schwächen anderer zu wühlen,
süffisant die Würde streichen,
ihre Werte aufzuweichen,
sich über sie hinwegzusetzen,
ihre Gefühle zu verletzen,
mit Zerstörung sie begießen,
um Machtgefühle zu genießen.

Man teilt aus und setzt die Zeichen,
die einem letztlich selbst erreichen.
Was man erschaffen findet Heim,
dringt massiv ins Leben ein,
und so muss man schmerzlich spüren,
wozu diese Dinge führen.

Allein

Allein mit sich zuhause sein,
das hält doch keiner aus,
man lässt sich auf Gesellschaft ein
und geht doch lieber aus.

Lasten tragen

Willst Du anderer Lasten tragen,
mache es kurz, dann lasse sie los,
sonst könnte man am Ende sagen,
Du warst der anderen Träger bloß.

Jeder hat die Kraft in sich
zum Meistern der Lektionen,
es macht zwar Arbeit, sicherlich,
doch die Mühe wird sich lohnen.

Meine Kinder

Mit Ehrfurcht verbeuge
ich mich vor Euch,
Ihr wundervollen Wesen,
ein großes Glück
in meinem Leben,
seid Ihr jetzt und stets gewesen.

Viel habe ich von Euch gelernt
und danke Euch dafür,
als Berater, Tröster, bester Freund,
voller Verständnis und Gespür.

Ihr ward auch da wenn ich in Not,
verzweifelt und am Ende,
durch Eure Hilfe kam ich hoch,
es gab die gute Wende.

Ihr seid begabt, zeigt Mitgefühl,
ich sehe Euch vollkommen,
und so habe ich, neben Euch,
manche Stufe schon erklommen.

Ihr steht in Eurem hellen Schein,
ich kann ihn leuchten sehen,
wunderschön ist es für mich,
eine Zeit mit Euch zu gehen!

Eure Weisheit lässt mich staunen,
bewundernd lerne ich daran,
in Gottes Schutz seid Ihr geborgen,
sodass Euch nichts passieren kann.

In meinem Herzen stets zugegen,
über Raum und ewige Zeit,
Euer Leben sei gesegnet,
voller Freude und Glückseligkeit!

Ein Kind spricht

Nach Deiner Liebe
habe ich mich gesehnt,
Du gabst sie nicht,
hast mich abgelehnt,
als eine ungewollte Last,
die Du in Deinem Bauche hast.
Deine Tränen, Kummer, Wut
taten weh und gar nicht gut.
Da Du gedanklich auf mich gezielt,
habe ich mich schuldig
und nutzlos gefühlt.

Ich hätte Dir gerne
ein Geschenk dargebracht
und mich ins Nichts davongemacht.
Dieser Vorsatz ging verloren,
ich blieb da, von Dir geboren.
Ein unerwünschtes Kind zu sein,
prägte sich tief in mich ein.
Mein Minderwert, er plagte mich,
die größte Null, das bin wohl ich!

Der stille Vorwurf lag in mir,
die Hemmungen verdanke ich Dir!
Hättest Du mir mehr gegeben,
Erfolg und Freude wären mein Leben!

In dieser Vorstellung gefangen,
an vielen Vorwürfen gehangen,
sind Jahrzehnte abgetragen,
höchste Zeit zu hinterfragen.

Ich kann Dich verstehen,
Du hattest es schwer,
zu ungünstiger Zeit kam ich daher.
Es war ein Problem,
sich daran zu gewöhnen,
Dich mit dem Schicksal auszusöhnen.
Ein Lernprozess für Dich und mich,
der Plan unseres Lebens erfüllte sich.
Mit diesen Gedanken
und etwas Geduld,
lösen wir uns von jeder Schuld.

Voller Liebe blicke ich auf Dich,
aus tiefstem Herzen
entschuldige ich mich!
Meine Klagen nehme ich von Dir,
die Verantwortung liegt auch bei mir.

Lass uns gemeinsam das Jetzt genießen,
Verbundenheit fühle ich zwischen uns fließen.
Was Du konntest hast Du mir gegeben,
ich danke Dir vielmals für alles im Leben!

Träume

Ich schließe die Augen
und fühle mich ein,
empfinde ein tiefes Behütetsein.

Vertrauensvoll dem Schlafe ergeben,
ein letzter Seufzer
vom wachen Erleben.

Schon bin ich getragen
von Bildergeschichten,
das Unterbewusstsein kann berichten.

Ich trete auf in vielen Rollen,
in unbequemen und auch tollen.
Will man diese Welt verstehen,
muss man in die Tiefe gehen.

In archaische Symboltiraden,
die mit Geheimnissen beladen,
in innerste Gedankenräume,
dargestellt als Ausdrucksträume.

Manche Botschaft wird gesetzt,
erweist als hilfreich sich zuletzt.

Schatten und Licht

Die Realität hatte ich verdrängt,
mich in idealistische Muster gezwängt,
mit viel Fleiß am Luftschloss gebaut
und auf das Gute im Leben vertraut.

Von tosenden Stürmen aufgeweckt,
habe ich Mängel am Schloss entdeckt.
Da wurde mir erschreckend klar,
dass vieles nur ein Trugbild war.

Es folgte der Fall in große Tiefen,
wo meine Ängste Amok liefen.
Ich habe das Unglück
des Opfers gespielt,
auf Selbstverdammung hingezielt.

Von der Schwere des
Lebens heruntergezogen,
glaubte ich mich um alles betrogen.
Die Umkehr habe ich doch geschafft,
Erkenntnis und Weisheit gaben mir Kraft.

Vorbei ist das Klagen, akzeptiert, wie es ist,
die Illusionen entsorgt als belasteter Mist.
Ich sehe bewusst auf
die Schatten, das Licht,
und beende gelassen meinen Bericht.

Gewissensbisse

Gewissensbisse können plagen,
schaffen einem Unbehagen,
es missfällt sie anzuhören,
man könnte sagen, dass sie stören.
Man wird sie einfach nicht mehr los,
die Fluchttendenzen werden groß.
Man versucht sich zu betäuben,
gegen diese Botschaft sträuben.
Man blockiert, verdrängt, erdrückt,
und glaubt, so sei der Sieg geglückt.
Sie quälen aus dem Untergrund
und tun sich immer wieder kund.

Verdrängte Anteile

Euer Gefängnisdasein ist vorbei,
ich lasse Euch jetzt endlich frei,
sperre Euch die Türen auf,
in mein Bewusstsein kommt herauf!
Ihr braucht Euch nicht
im Dunkeln grämen,
Euch verstecken und zu schämen.

Kein Fortschritt

Glücklich ist man leider nicht,
es fehlt dazu sehr viel,
man macht ein brummiges Gesicht,
erreicht ist noch kein Ziel.

Andere sind auserkoren,
ihre Bedürfnisse erfüllt,
ich, der Ärmste, hab verloren,
vom Verzichten eingehüllt.

Die Vorstellung zu weit bemessen,
der Sichtpunkt nicht neutral,
die Segnungen hat man vergessen,
der Blick ruht auf dem Tal.

Gegen das Schicksal anzugehen,
blind für alles, was man hat,
unzufrieden dazustehen,
Fortschritt findet so nicht statt.

Höhere Plätze

Der Mensch ist,
wie sich oftmals zeigt,
der Selbstberäucherung zugeneigt.

Macht und Reichtum,
stolze Titel,
sind dazu probate Mittel.

Erfolg und Schönheit
nicht vergessen,
machen einige sehr vermessen.

Man sieht auf sich
und ist entzückt,
was einem alles schon geglückt.

Wie ein Gockel,
mit Gegacker,
hält man sich im Jetset wacker.

Ein Freibrief,
um sich auszuleben,
für Luxus sehr viel auszugeben.

Das Leben auf den
höheren Plätzen,
ein Privileg mit vielen Schätzen.

Unser Körper

Wie oft haben wir an den Körper gedacht,
welch großartige Arbeit er für uns macht.
Tag und Nacht ist er bereit,
hat keine Pause, nur Arbeitszeit.

Er ermöglicht uns in ihm zu leben,
wird stets sein Allerbestes geben.
Billionen Zellen haben sich gefunden,
in die Körperformen eingebunden,
von höchster Intelligenz geführt,
wirklich erstaunlich, wie das funktioniert!

Hat man sich jemals bei ihm bedankt,
oder ihn abgelehnt und noch gezankt?
Dazu mit schlechten Gedanken beschmutzt
und seine Dienste zu viel ausgenutzt?

Man hat seinen Wert nur selten erkannt,
sich abschätzig von ihm abgewandt.
Auch er möchte gerne ein Lob von uns hören
und ist wohl frustriert vom vielen Beschweren.

Deshalb wollen wir jetzt
unseren Körper beachten,
ihn mit Bewunderung
und Dank betrachten.

Altes Jahr

Altes Jahr, Du gehst dahin,
ich möchte Dank Dir sagen,
unendlich schwer warst Du für mich,
ich konnte Dich kaum tragen!

Vieles hast Du mir gegeben,
manche Wahrheit mir gezeigt,
Enttäuschungen zuhauf gebracht,
zum Boden mich geneigt.

Du warst ein Lehrer, streng und hart,
fast wäre ich zerbrochen,
in alte Muster, tief und weh,
hast Du hineingestochen.

Grenzen hast Du ausprobiert,
bist übers Ziel geschossen,
und so ist mein Tränenstrom
in reichem Maß geflossen.

Ich schließe ab und trenne mich
von Kummer und Beschwerden,
und hoffe nur, im neuen Jahr
wird alles besser werden!

Wie es war

Man hält sich fest am eigenen Rahmen,
das Weiterschreiten wird erlahmen.
Wie es war, so soll es sein,
Neues lässt man nicht herein,
läuft auf erprobten Wegen nur,
bleibt festgezerrt in einer Spur,
hält den Blick in enge Weiten,
um Gewohntes zu verbreiten, wiederholend
immerdar wie es war, wie es war.

Blitzableiter

Dort wo Reaktionen sollten sein,
hüllst Du Dich in Schweigen ein.
Feige lässt Du Dir vieles bieten,
deshalb zählt man Dich zu den Nieten.
Dort wo Freundlichkeit angebracht,
sind Aggression und Frust erwacht.
Scharfe Töne schlagen tiefe Wunden,
einen Blitzableiter hast Du gefunden.
Du greifst die falschen Menschen an,
die Dir Gutes nur getan.
Zeige die Wut am richtigen Ort,
sonst sind Deine wahren Freunde fort.

Wieso?

Wieso glaubt man,
mit dem eigenen Denken
muss man die ganze Welt beschenken?

Wieso glaubt man,
alles besser zu wissen,
dass viele ihren Verstand vermissen?

Wieso glaubt man,
eigenes Handeln sei recht,
der Großteil verhalte sich aber schlecht?

Wieso glaubt man,
hochentwickelt zu sein,
die Mehrheit hinke weit hintendrein?

Weil man sein Ego viel gespeist
und alles um sich selber kreist.

Weil man die Selbstkritik verdrängt,
eigene Mängel an andere hängt.

Weil man das Maß der Welt bestimmt
und sich als tragenden Faktor nimmt.

Weil man sich reichlich überzieht
und oft im falschen Lichte sieht.

Der freie Wille

Wenn jeder so macht, wie man es will,
ist man zufrieden, freudvoll, still.
Aber wehe, wenn dem nicht so ist,
dann greift man schnell zu mancher List,
zeigt sich beleidigt und verletzt,
Bestrafungstendenzen befolgt man jetzt.

Doch jeder Mensch hat das gleiche Recht
und ist nicht des Anderen Willensknecht.
So beenge man nicht, lasse andere gelten,
in der Schöpfung gibt es auch viele Welten.

Außenseiter

Bist Du im Leben Außenseiter,
geht es abwärts auf der Leiter,
als verdächtiges Objekt,
das nicht säuft, kokst oder leckt.

Hält man sich nicht fest am Handy,
ist angezogen auch nicht trendy,
trägt kein Piercing, kein Tattoo,
abserviert ist man im Nu.

Folgenreich

Der Lehrer höhnt,
wie dumm man sei,
und setzt ein schlechtes Zeichen,
hört nicht den Verzweiflungsschrei,
der Makel will nicht weichen.

Das Selbstvertrauen
schnell erlischt,
die Kerbe ist geschlagen,
Worte, vor allen aufgetischt,
kommen so zum Tragen.

Als Verlierer
geht man nun
in die Welt hinaus,
zweifelt jetzt am eigenen Tun,
drückt sich schüchtern aus.

Begrenzung verengt das Potential,
der freie Fluss erlischt,
man hat nicht mehr
die volle Wahl,
ist mit Hemmung untermischt.

Aufgaben

Aufgaben für andere machen,
lässt deren Leistungen verflachen,
sie lernen selber nichts dazu
und der Schuldige bist dann Du.

So schaue jeder erst auf sich,
hier gibt es Arbeit ewiglich.
Was man bei sich selber schafft,
erhöht zugleich der Anderen Kraft.

Frei und leicht

Genug habe ich vom Opfersein,
will auch dem Täter nun verzeihen.
Von dieser Kinderspielerei
mache ich mich endlich frei.
Das Vergangene möge weichen,
im Jetzt zu leben sei mein Zeichen!

Meine Ängste lasse ich gehen,
die alten Lasten einfach stehen.
Ich atme durch und fühle mich leicht,
so habe ich schon viel erreicht!

Berufsempfehlung

Liebst Du es zu diskutieren,
das große Wort bei allem zu führen?
Kannst du vielerlei versprechen
und dies problemlos wieder brechen?
Möchtest Du im Blickfeld stehen,
in selbstherrliche Posen gehen?
Hast Du Lust ein Machtgefüge
auszukosten zur Genüge?
Träumst Du von hohen Sicherheiten,
die Staatspensionen Dir bereiten,
von noblen Empfängen, teuren Speisen,
bequemen Erste-Klasse-Reisen?
Deine Vorstellung im Blick,
empfehle ich Dir die Politik.

Gutmütig

Gutmütig zu sein
bringt nichts ein.
Gespannt vor den Wagen,
zum Ziehen und Tragen
wirst Du benutzt,
Deine Freiheit gestutzt.

Mobbing

Besser sein ist das Bestreben,
Konkurrenzverhalten zu beleben.
Manch fieser Trick wird ausgepackt,
die Fairness dabei schnell versackt.

Intrigen raffiniert gestalten,
Manipulation entfalten,
um zu schwächen, degradieren,
ins erzwungene Aus zu führen.

Mobbing heißt das Zauberwort,
entwickelt sich zum Massensport.
Auf Stufen der Karriereleiter
kommt man so am schnellsten weiter.

Beneiden

Der Mensch erwartet viel zu viel,
an Materiellem, vom Gefühl,
beneidet alle, die was haben,
sich mit Geld und Schmuck beladen.
Er ist gekränkt, zutiefst empört,
weil er nicht dazu gehört.

Die haben es doch superleicht,
alles Wichtige erreicht,
leben auf der Sonnenseite,
wo der Luxus sie begleite.

Jeder Wunsch wird hier erfüllt,
Begehrlichkeiten schnell gestillt,
vollgefüllt mit Überfluss,
so was nenne ich Genuss!

Mag schon sein, da ist was dran,
doch sieht man sich das näher an,
erkennt man schnell, dass mancherlei,
was man so glaubt, ein Schein nur sei,
und das Glück, was man so denkt,
allein am Reichtum doch nicht hängt.

Alte Strukturen

Es gibt Menschen,
die kapseln sich ein,
als wollten sie gar nicht glücklich sein.
Sie halten sich krampfhaft
an alten Strukturen
und spielen für andere die Wunschfiguren.

Politik

Die Politik ist eine Kunst
zum Erwerb der Wählergunst.
Dies äußert sich als Märchenstunde
plus psychologischer Menschenkunde.

Man zeigt sich freundlich und vertraut,
verstehende Nähe wird aufgebaut,
um die Menschen zu berühren,
Emotionen soll man spüren.

Ist das gewollte Ziel erreicht,
man nicht gerne davon weicht.
Man inszeniert sich medientrunken,
in eigener Kompetenz versunken.

Die Gesetze lässt man spielen,
die Steuerschraube schmerzhaft fühlen.
Das geknickte Volk muss sparen,
dabei die Contenance bewahren.

Für sich selbst ist man spendabel,
die Diätenerhöhung respektabel.
So lässt es sich dann recht gut leben,
der hohen Politik ergeben.

Kochkunst

Kochen macht so richtig Spaß,
sie sieht zu und lernt etwas.
Köche, beflügelt von der Gunst,
zeigen im Fernsehen ihre Kunst.

Dabei fühlt man sich angerührt,
zu Glanzleistungen hingeführt.
Es ist sehr spannend anzusehen,
Kochgeheimnisse zu verstehen,
gekonnte Verzierungen zu genießen,
das Ergebnis zu begießen.

Doch leider ist die Sendung aus,
sie holt die Fertigkost heraus,
schiebt sie in die Mikrowelle,
das ist ihre Kochkunstquelle.

Lebensübergang

Man lebt als hätte man ewig Zeit,
doch die Lebensuhr tickt leise,
vielleicht ist es nicht mehr so weit
zum Ende dieser Reise.

Dem Ablauf kann man nicht entkommen,
die Materie wird vergehen,
das Irdische wird fortgenommen,
alleine muss man gehen.

Erhalten bleibt nur die Essenz,
was man im Inneren trägt,
Wirkung zeigt auch die Tendenz,
wie das Leben sie geprägt.

Dies hat man leider nicht bedacht,
sich im Außen meist verbreitet,
dem Ego vieles dargebracht,
von Versuchungen verleitet.

Solche Stunden sind vertan,
man hat sie nicht genützt,
sie führen auf die falsche Bahn,
die Vergeudung unterstützt.

Das System will weiterschreiten,
Entwicklung wird gegeben,
Aufgaben den Weg begleiten,
um deren Lösung anzustreben.

So erfülle man auch dann und wann
den geistigen Belang,
auf diese Punkte kommt es an
beim Lebensübergang.

Hilfe geben

Geht es Dir einmal nicht gut,
bist verzweifelt, voller Wut:
„Keiner leidet so wie ich,
die Situation ist fürchterlich!"
Lasse sogleich die Sache ruhen,
versuche vorerst nichts zu tun.
Überlege: Welches Menschenkind
braucht meine Hilfe jetzt geschwind?

Du wirst dann gleich recht viel wissen,
die noch mehr wie Du vermissen.
Mit guten Wünschen, beten, segnen,
kannst Du ihrem Leid begegnen.
Was Du für andere hast erbracht,
Dein eigenes Unglück kleiner macht.

Ungerechtfertigt

Das Leben ist so ungerecht,
niemand macht es einem recht,
jeder hat ein schöneres Leben,
selbst ist einem nichts gegeben.

Schau mal Den und schau mal Die,
glücklich lachend, wie noch nie.
Ich als Verlierer muss mich quälen,
ein anderes Leben möchte ich wählen!

So und ähnlich hört man Klagen,
mit lautem Stöhnen vorgetragen.
Voller Eifersucht beäugt man dann,
was der Andere hat und kann.

Missgunst hat einen beschlichen,
alles Edle ist verblichen.
Vorwürfe, die macht man gern,
unglücklich ist man im Kern.

Diese Sicht hat viele Lücken,
die wir jetzt ins Blickfeld rücken.
Die eigenen Freuden sind verwischt,
das Fehlende wird aufgetischt.

Real gesehen muss man sagen,
gäbe es keinen Grund zu klagen.
Aufgezählt was ihm gegeben,
zeigt sich ein wahrlich gutes Leben.

Besitzer

Wohlgefällig wandert der Blick
vom Haus zum Auto und zurück.
Es tut einem gut, Besitzer zu sein,
erhebende Gefühle stellen sich ein.

Man hat es geschafft,
das Leben gemeistert,
eine große Leistung,
die hellauf begeistert.
Hier wird man bleiben,
ist man daheim,
es ist sehr schön,
im Verbund zu sein.

Ein geachteter Bürger
mit materiellem Gewicht,
als tüchtig und fleißig
man von einem spricht.
Man gehört zum
gehobenen Mittelstand,
solche Menschen
wünscht sich das Land!

Aufgebläht

Gar mancher macht sich selbst zu Gott
und glaubt stolz, wer er sei,
nützt seine Macht, verteilt viel Spott,
ist vorne stets dabei.

Im Inneren aber ist man klein,
ein erbärmlich schwaches Wesen,
groß, wie man tut, kann man nicht sein,
ist man auch nie gewesen.

Je nach dem

Hast Du auch vielerlei Allüren,
Berühmtheit öffnet Dir die Türen,
man verbeugt sich ehrfurchtsvoll,
findet alles an Dir toll.

Doch wehe Dir Du hast nichts mehr,
dann wird es für Dich äußerst schwer,
du bist ein Nichts, man lässt Dich fallen,
ausgespielt hast Du bei allen.

Launen

Am liebsten will man oben stehen
und gnädig auf das Fußvolk sehen,
huldvoll sich zum Einen wenden,
dem Anderen sein Glück beenden.

Es ist die Macht, die hier pulsiert,
ihr launenhaftes Spiel verführt.
Mit Protektion und leichtem Zwang
nimmt alles den gewünschten Gang.
Man klebt sich fest auf solchen Posten,
um alles reichlich auszukosten.

Erdenleben

Statt den Schöpfergeist zu loben,
stellt der Mensch sich selbst nach oben,
nimmt sich alles was nur geht,
sein eigener Wille Pate steht.

Rücksichtslos die Welt regieren,
Natur und Tiere wohl verlieren.
Unterdrücken und Zerstören
zum Repertoire gehören.

Gier lässt Grenzen überspringen,
andere zur Armut zwingen,
psychopathische Gewalt
zeigt sich in allerlei Gestalt.

Mit Dreck und Giften überfrachten,
genexperimentierend auszuschlachten,
Atomenergie und Mikrowellen
sind stets präsente Sorgenquellen.

Die Chemie durchdringt das Essen,
Gesundheit ist nur schwach bemessen.
Aromen, Farbstoff, Glutamat,
erbringen keine gute Saat.

Mächtige regieren die Welt,
als Statist ist man bestellt,
um zu schaffen und zu ducken,
aber bloß nicht aufzumucken.

Kriege lassen sich gut planen,
es gilt kräftig abzusahnen.
Übermaß und Konkurrenz
führen schnell zur Dekadenz.

Schwach geworden, angstbeladen,
Vorgaben folgend, die nur schaden,
zweifelnd, schutzlos und ergeben,
so funktioniert das Erdenleben.

Spott und Hohn

Spott und Hohn beherrscht man schon,
hämisch lachen, Faxen machen,
Schlechtes gönnen, stänkern können,
mit faulem Trick und frechem Blick.

Nicht bedacht was man gemacht,
bis es knallt, man selber fallt.
Spott und Hohn hört man schon.

Giftverbreiter

Es macht Vergnügen einzuteilen,
bei Kategorien zu verweilen,
Werturteile abzugeben
wie die anderen sind und leben.

Über diese man sich stellt,
sagt, was gut, was nicht gefällt,
kritisiert so immer weiter,
ist ein richtiger Giftverbreiter.

Rache

Die Wahrheit zu erkennen
lässt die Seele brennen,
schreitend durch die Feuerwand,
die letzte Illusion verschwand.

Mit realen Fakten konfrontiert,
zur Verzweiflung hingeführt,
üblen Dingen ausgesetzt,
zutiefst im Innersten verletzt,
vorwurfsvolles Aufbegehren,
bei der Schöpfung sich beschweren.

Vergangenes bestimmt das Leben,
um die Rache anzustreben.
Die Blockaden sind bereitet,
noch mehr Schlechtes eingeleitet.

Zweifel

Zweifel lassen Dich erstarren,
in der Warteschleife harren,
sie behindern Deine Schritte,
verdrängen Dich aus sicherer Mitte.

Die andere Sicht

Trägst Du auch an schweren Lasten,
Qualen der Vergangenheit,
die Dich heute noch belasten,
und leidest eine lange Zeit?
Gar manche Kerbe schlägt das Leben,
schwer verletzt bleibt man zurück,
mit Liebe hatte man gegeben,
doch zerbrochen ist das Glück.

Jede Hoffnung scheint gestorben,
man kann es nicht verstehen,
der Lebenslauf, er ist verdorben,
nichts scheint mehr zu gehen.
Enttäuschung, Kränkung ohnegleichen,
sie halten einem fest,
wollen nicht mehr von Dir weichen,
Erinnerung gibt Dir den Rest.

Da hilft nur eines, aufzustehen
und daraus zu lernen,
akzeptieren und verstehen,
sich vom Groll entfernen.
Vergeben ist die beste Wahl,
und nicht so viel erwarten,
verletzbar wird man minimal,
hat gleich viel bessere Karten.

Loszulassen ist ein Segen,
behebt die Stagnation,
endlich kann sich was bewegen,
Befreiung zeigt sich schon.

Die andere Sicht wird nun geboren,
Erkenntnis stellt sich ein,
Frieden hat man auserkoren,
Gewinner wird man sein!

Wie schnell

Wie schnell kann man sich missverstehen,
im Streit getrennte Wege gehen.
Wie schnell ist Wertvolles zerstört,
weil man nicht richtig hingehört.

Wie schnell wäre manches ausgetragen,
würde man noch einmal fragen.
Wie schnell würde oft die Hand gereicht,
mit Verständnis viel erreicht.

Nimm Dich an

Nimm Dich an, so wie Du bist,
auch wenn Du mancherlei vermisst,
versuche mit Liebe Dich zu sehen,
Deine Bedeutung zu verstehen,
Deine Schatten zu integrieren,
die Lichtfrequenzen zu erspüren,
die göttlichen Kräfte walten zu lassen,
Deinen Posten zu erfassen,
Dich demütig und dankbar zu neigen,
wahrhaftig und freundlich zu zeigen,
die Verantwortung zu tragen,
tiefe Gründe zu erfragen,
Güte und Mitgefühl zu verbreiten,
um die Erfüllung einzuleiten.
So wandelst Du auf rechten Wegen,
Gott zur Freude, Dir zum Segen!

Beleidigt

Nicht zimperlich ist man zuweilen,
versteht es prächtig auszuteilen,
doch selber steckt man gar nichts ein
und übt sich im beleidigt sein.

Nichts dazu gelernt

In der Kindheit hast Du wohl
die Liebe sehr entbehrt,
Dich gekränkt, sehr klein gefühlt,
gedacht, Du bist nichts wert.

Ungerecht war man zu Dir
und hat Dich unterdrückt,
Anerkennung gab es nicht,
egal was Dir geglückt.
Das Muster hat sich fortgesetzt,
denn auch als junger Mann,
von Vorgesetzten schikaniert,
kamst Du als Letzter dran.

Inzwischen bist Du nun ein Boss
und sitzt auf Deinem Thron,
was Du selbst erlitten hast,
verteilst Du nun als Lohn.
Du trittst, zerbrichst, manipulierst,
hast – egal wie – Recht,
angriffsvoll in Wort und Ton,
behandelst andere schlecht.

Du kennst nur Dich, blockst Dein Gefühl,
willst leider nur zerstören,
Du, nur Du bist hier der Chef,
auf Dich nur muss man hören.

Du hast wohl nichts dazu gelernt
durch selbst erlebtes Leid,
wie man sich bei sowas fühlt,
weißt Du ja gut Bescheid.

Was Du nicht willst, das man Dir tut,
das tue auch anderen nicht,
der Same, den Du herzlos säst,
wird sonst zum Strafgericht.
Nimm Dich in Acht und lerne
schnell die nötige Lektion,
Mitgefühl und Akzeptanz
warten Deiner schon.

Güte nur und Freundlichkeit
bringen dauerhaftes Glück,
sonst fällst Du, ehe Du es merkst,
in altes Leid zurück.

Ausgenützt

Bist Du spendabel und hilfsbereit,
glauben viele, Du wärst nicht gescheit.
Voller Hinterlist nützen sie Dich aus,
holen was nur geht aus Dir heraus.

Abgezockt

Nehmen können viele gut,
deshalb sei man auf der Hut.
Sie fordern ohne Unterlass,
suchen noch im leeren Fass,
denken dauernd nur daran,
wovon man profitieren kann.

Klug kombiniert der Intellekt,
registriert, was er entdeckt,
dann wird das Opfer angelockt
und dabei kräftig abgezockt.

Eingeengt

Eingeengt von den Programmen,
die noch aus der Kindheit stammen,
von Regeln, Vorgaben, Verboten,
gilt es das Leben auszuloten.

Festgefahren, angekettet,
in die Zwänge eingebettet,
ist ein Ausbruch sehr verpönt
und endet oftmals unversöhnt.

Der Lebensplan

Den Lebensplan hat man erdacht,
beim Erstellen noch gelacht,
doch der Humor ist bald vergangen,
im Konzept ist man gefangen.

Man hat sich zu viel aufgepackt,
ist nun im Misserfolg versackt.
Vorwurfsvoll sieht man sich um,
nimmt dem Schicksal alles krumm,
hat den Ursprung wohl vergessen,
selber war man so vermessen.

Tratscherei

Man lässt sich allzu leicht verführen,
über andere zu schüren,
und ohne dass man nachgedacht,
fühlt man sich jetzt aufgebracht.

Man hört zu beim Klage sprechen,
die Meinung über andere brechen,
auch selbst weiß man so mancherlei,
was da nicht in Ordnung sei.

Und ganz schnell ist es soweit,
Verurteilung macht sich nun breit.
Gemeinsam schimpft man eben besser,
man wetzt die Münder wie die Messer.

Erst hinterher geht man in sich
und fühlt sich nicht so sonderlich.
Wie oft hat man sich vorgenommen,
über andere lass nichts kommen!
In Zukunft ist man auf der Hut,
denn Tratscherei, die tut nicht gut!

Ein gereifter Mensch

Ein gereifter Mensch wird es sich erlauben,
so, wie er ist, an sich zu glauben.
Behutsam lebt er die eigene Macht,
die Wahrheit hat ihn frei gemacht.
Er hat das Licht in sich gefunden,
Zweifel und Ängste überwunden.
Er lässt der Liebe freien Lauf
und löst so alle Grenzen auf.
Vertrauensvoll lässt er sich führen,
um die Gnade zu berühren.
Glücklich ist, wer ihm begegnet,
denn dieser Mensch, er ist gesegnet.

Gedrosselte Seele

In der Stille Beschwerde führen,
aus Angst, Zuneigung zu verlieren,
Unrecht und Tadel wird geschluckt,
es wird erduldet und geduckt.

Die gedrosselte Seele bäumt sich auf,
auch das nimmt man dabei in Kauf.
Man trägt die Vorwürfe im Herzen,
teilt sie nicht mit, erleidet Schmerzen.

Ein guter Mensch möchte man sein,
alle Kränkungen schließt man ein,
den anderen wird man verschonen,
die Schöpfung wird einen belohnen.

Doch die Energien sind gesetzt,
womit man selber sich verletzt,
so hat das Leiden sich vermehrt,
hätte man sich doch gewehrt!

Einsicht

Es ist beliebt, sich aufzuregen,
der Eltern Fehler darzulegen,
vorwurfsvoll auf sie zu zeigen,
ihr Versagen nicht zu verschweigen.
Man umlegt sie mit Kritik,
hat ihre Mängel fest im Blick,
sich als Richter aufzuschwingen
kann Genugtuung erbringen.
So wie sie will man nicht sein,
dieser Vorsatz prägt sich ein.
Wenn man älter ist und weiser,
wird das Aufbegehren leiser,
es zeigt uns der Erkenntnis Hauch,
der Eltern Schwächen hat man auch.

Lebensspur

Auch wenn erwachsen schon und alt,
sucht man immer noch nach Halt,
fühlt sich verloren und verlassen,
kann sich selbst nicht ganz erfassen.
Man schaut die Lebensspur zurück,
auf alte Bilder voller Glück.

Wehmut wird einen berühren,
Rührseligkeiten sind zu spüren.
Stolpersteine lässt man liegen,
sie sind vergraben und verschwiegen,
die tiefsten Wunden deckt man zu,
fragt nicht warum und nicht wozu.

Schon bald ist diese Spur verweht,
nur die Erinnerung besteht,
doch mancher Eindruck überdauert,
der das Dasein untermauert.

Beerdigung

Ich gehe zur Beerdigung,
doch gehe ich dankbar und mit Schwung.
Beerdigt wird, zur richtigen Zeit,
all meine Angst und all mein Leid.
Ich trenne mich von dem Programm,
das ich als Strafe mir ersann.

Der Sarg ist zu, die Erde drauf,
jetzt geht es endlich mal bergauf!
Das Licht im Herzen strahlt vor Glück,
die Liebe kehrt zu mir zurück!

Gier

Die Gier nach Geld, die Gier nach Macht,
was hat sie bloß aus ihr gemacht!
Alles Edle scheint vergessen,
ich glaube fast, sie ist besessen!
Ihr Leben kennt nur einen Sinn:
Vorteile, Karriere und Gewinn!
Von blindem Ehrgeiz aufgezehrt,
akzeptiert sie nur den eigenen Wert.

Irgendwann steht sie allein,
wird konfrontiert mit ihrem Sein,
sie wird erkennen und entdecken,
große Angst kann dies erwecken.
Die Ernte hat sich eingestellt
und verfinstert ihre Welt.

Meisterschaft

Von Themenbereichen ist das Leben durchwoben,
sie werden aktiviert und kommen nach oben.
Man könnte dazu auch „Prüfungen" sagen,
ein Begriff, gepaart mit Unbehagen.

Dieser Bereich fällt besonders schwer,
man hat Angst davor, liebt ihn nicht sehr.
Da setzt das Schicksal ein, mit Macht,
es wird ans Tageslicht gebracht,
und die Probleme setzen ein,
man ist in Arbeit, könnte schreien.
Doch festgeklemmt in den Prozessen,
ist es aus mit dem Vergessen.
Unbarmherzig prasselt es nieder,
wiederholt sich immer wieder,
und da die Fehler stets die gleichen,
wird die Gnade nicht mehr reichen.
Mit was man gar nicht umgehen kann,
kommt in freier Folge an.
Es ändern sich die Leidbereiter,
doch das Thema bleibt Begleiter.

Die Übungseinheit will uns zeigen,
was wir vor uns selbst verschweigen,
dunkle Stellen und Blockaden,
die wir tief verschüttet haben.
Sie hemmen einen freien Fluss,
erzeugen Spannung und Verdruss.
Heftig wird man da geschliffen,
bis man den Ursprung aufgegriffen.
Man fängt an zu hinterfragen,
hört auf, sich dauernd zu beklagen,
lässt sich vom inneren Wissen leiten,
auf dem Heilungsweg begleiten.

Falsche Muster und Denktiraden
erzeugen einen großen Schaden.
Ihre Wurzeln aufzudecken,
Vergebungskräfte zu erwecken,
akzeptieren, was gewesen,
allen Widerstand aufzulösen,
sich vertrauensvoll ergeben,
glaubend an den Sinn vom Leben
ist das Rezept der Meisterschaft
und des Themas Lösungskraft.

Den Stau bewegen

Die Lösung liegt nicht im Gebrüll,
dies erzeugt nur noch mehr Müll.
Das Blickfeld auf den Stau zu legen,
wird ihn sicherlich bewegen.

Loszulassen und zu verzeihen,
kann Blockierungen befreien.
Zu verändern ist die Sicht,
das ist Deine höchste Pflicht!

Mäßige Dich in Deinem Denken,
Gelassenheit wird Dich dann lenken.

Der bemühte Mann

Die berufliche Arbeit ist vollbracht,
doch hat er noch nicht Schluss gemacht,
jetzt fängt er zuhause an,
zeigt auch hier, was er so kann.

Kinder hüten, Garten machen,
Wäsche bügeln und andere Sachen,
Verschönerung, erweitern, bauen,
es gilt zu sägen, schweißen, hauen.

Er ist aktiv und hilfsbereit,
nimmt sich für die Familie Zeit.
Da kann man sich nicht beklagen,
„Danke" wollen wir ihm sagen!

Undank

Hat man es im Leben schwer,
hält man zusammen, immer mehr,
die guten Seiten sind erwacht,
gemeinsam hat man viel vollbracht.
Man hatte es bestimmt nicht leicht,
doch nun ist der Erfolg erreicht,

durch Wissen, Fleiß, Verbundenheit,
brachte man es wirklich weit.
Man genießt den neuen Glanz,
zum Partner geht man auf Distanz.
Das Beste ist gerade recht,
das Frühere ist viel zu schlecht.

Andere Wertigkeit erhält Gewicht,
dabei ändert sich die Sicht.
Man tritt Vorheriges mit Füßen,
um scheinbar Besseres zu begrüßen.

Abgeseilt von Gottes Segen
wandelt man auf dunklen Wegen.
Doch man hat zu breit gelacht,
die Gesetze nicht bedacht,
die lautlos sich um einen schlingen
und das Lied des Karmas singen.

Mahnend wirkt die Himmelsmacht,
bis das Verstehen dann erwacht,
man fühlt vor allem eines klar,
dass manches wohl ein Fehler war.

So lerne man aus dem Bericht,
die Dankbarkeit, vergiss sie nicht!

Leiden

Ein schwieriges Leben scheint gebucht,
vielleicht hat man es ausgesucht,
wollte reifen, wollte lernen,
sich von der Dunkelheit entfernen.

Es hilft kein Flüchten und Verschieben,
das Erleben ist festgeschrieben.
Die Problemerstellung lässt erblassen,
ist sehr schwierig zu erfassen,
seufzend lässt sie sich erfühlen,
sie wird in Deinem Leben wühlen.

Zu wachsen heißt zumeist auch leiden,
man fürchtet dies und will es meiden,
doch alles geht schon seinen Gang
und führt am Schicksalsweg entlang.

Sich versichern

Wenig weiß der Mensch von morgen,
deshalb macht er sich auch Sorgen,
will den heutigen Rahmen weiten,
Vorsorge treffen für schlechte Zeiten.

Man lässt versichern, was nur geht,
die Angst dabei ganz oben steht.
Die Policen sollen es richten,
die Besorgnis wird sich lichten.

Der Agent reibt sich die Hände,
die Provision zeigt höchste Stände.
Der Kunde kauft sich Sicherheit,
glaubt vor Unglück sich gefeit.

Die Beratung scheint perfekt,
doch manche List hat man entdeckt,
speziell geschulte Rederei,
trug sehr viel zum Abschluss bei.

Und wenn dann wirklich was passiert,
fühlt sich so mancher angeschmiert.

Die Wahrheit

Die Wahrheit, die ich sehen kann,
erscheint auf dünnen Beinen,
sie ändert sich, so dann und wann,
mit Lachen und mit Weinen.

Zukunftssorgen

Beinahe erdrückt von der Sorgenlast,
mit der Du Dich beladen hast,
willst Du den Zukunftsberg besteigen,
wird das Gewicht sich doppelt zeigen.

Es hindert Dich am Vorwärtsgehen,
und wie man sieht, bleibst Du schon stehen.
Zukunftsangst bringt Dir nichts ein
und könnte eine Falle sein,
denn wenn Du dauernd auf sie schaust,
Du Deine Chancen Dir verbaust.

Geld

Auch Geld ist eine Energie,
ich liebe und ich achte sie.
Geld hilft mir im Leben weiter,
als verlässlicher Begleiter.

Geld unterstützt mich jederzeit,
steht zur Verwirklichung bereit.
Geld lässt mich voller Freude leben,
ermöglicht mir auch herzugeben.

Geld für Positives nützen,
zu helfen und zu unterstützen.
Geld verantwortlich erbracht,
ist für Sinnvolles gedacht.
Auch Geld ist eine Energie,
ich liebe und ich achte sie.

Gast

Auf der Erde bin ich Gast,
halte nur ein wenig Rast,
will noch lernen dies und das,
macht es mir auch wenig Spaß.

Ich bin voller Eifer hergekommen,
habe mir viel vorgenommen,
suche das Licht, das in allem lebt,
empfinde den Schatten, der an mir klebt.

Ich versuche die Liebe im Herzen zu spüren,
die Gesetze des Lebens zu involvieren,
mich zu lösen von irdischen Dingen,
mein Denken zu veredeln möge gelingen!

Frei zu werden von Verhaftung und Schuld,
um dies zu erreichen braucht man Geduld.

Blockaden

Blockaden haben sich ergeben,
Selbstablehnung wird man leben,
Anerkennung kann nicht starten,
auf Lob wird man vergeblich warten.

Misserfolge zieht man an,
mit denen man nicht umgehen kann.
Das Potenzial ist stark verengt,
die Talente sind verdrängt.

Man kann das Leben nicht ertragen,
hat nirgendwo etwas zu sagen.
Alles, was man unterdrückt,
führt dazu, dass gar nichts glückt.

Viel Zeit – Wenig Zeit

Man verbringt viel Zeit,
um sich mit Fehlern anderer zu befassen,
sich über deren Macken auszulassen.
Man verbringt viel Zeit,
um zu klagen und zu jammern,
sich an die Vergangenheit zu klammern.

Man verbringt viel Zeit,
um ängstlich sich zu fragen:
Was bringt die Zukunft mir zu tragen?
Man verbringt wenig Zeit,
um in sein Inneres zu gehen,
sein Potenzial zu leben und verstehen.

Man verbringt wenig Zeit,
um die Gegenwart zu nützen,
sich im Jetzt zu unterstützen.
Man verbringt wenig Zeit,
um die Hintergründe zu erfassen,
sich bewusst auf das Leben einzulassen.

Unterbewusstsein

Im Unterbewusstsein kannst Du ermessen,
was Du verdrängst, was Du vergessen.
Erhebe diese Teile ins Bewusstsein von Dir,
schenke ihnen Liebe, dazu bist Du hier.
Akzeptiere, integriere, werde ganz Du,
verurteile nicht und lasse es zu.
Habe Vertrauen, es sind doch nur Schatten,
die Dich so bedrängt und verängstigt hatten.
Indem Du sie annimmst wird das Licht erweckt
und Du wirst staunen, was in Dir steckt.

Vergangenheit

Lebe nicht in der Vergangenheit,
nütze lieber die heutige Zeit!
Dich erfüllen sonst immer wieder
die altgewohnten Lebenslieder.

Überholte Energien unterbrechen den Fluss,
hemmen das Frische, das kommen muss.
Lerne aus dem Alten und lasse es gehen,
dies wird Dir helfen, den Plan zu verstehen!

Einlassen

Lässt Du Dich auf Probleme ein,
werden sie Heiler für Dich sein.
Sie bringen Bewegung in verstopfte Bahnen
und erweitern Deinen Entwicklungsrahmen.

Erkenne die Weisheit, die in ihnen wohnt,
suche die Botschaft, die Dich verschont.
Nimm Gottes Hand und lasse Dich führen,
so wirst Du die Hilfe hinter allem spüren.

Lernmethoden

Das Leben zeigt durch vielerlei,
was man noch nicht gelernt,
wo man sich ein Stückchen weit
vom rechten Weg entfernt.
Der Hinweis ist zuerst recht mild,
will uns sanft ermahnen,
meistens dreht man sich schnell weg,
der Eifer wird erlahmen.

Die Steigerung tritt jetzt in Kraft,
sie lässt nicht mit sich spaßen,
die Störung zeigt sich unbequem,
aber noch in Maßen.
Es folgt ein Donner, schwer und laut,
er rüttelt einen wach,
man ist gezwungen hinzuschauen,
es zeigt sich Ungemach.

Der Lebensplan tritt in Aktion,
ruft zur Erkenntnis auf,
präsentiert die Mängelliste,
beherrscht den Lebenslauf.
In dieser Phase heißt es leiden,
wenn man auch da nichts lernt,
wird man am Schluss als unbelehrbar
vom Erdenplan entfernt.

Glücklich machen

Sich zu verbeißen, am Glück zu reißen,
es zu erzwingen wird nicht gelingen.
Es einzuladen kann nicht schaden,
offen zu sein bringt Glück herein.
Glücklich zu machen, Freude und Lachen,
kommt zurück, ist wahres Glück!

Hürden

Aus seelischem Schmerz und Überdruss
denkt man vielleicht an des Lebens Schluss.
Es fehlt der Antrieb, man lässt sich gehen,
kann die Tragweite nicht ersehen.

Man ist auf der Erde um vieles zu lernen,
und nicht, um sich vor der Zeit zu entfernen.
Hinter jeder Hürde steckt eine Gnade,
sie zu versäumen wäre wohl schade.

Je größer das Dunkel, je heller das Licht,
welches das Ende der Krise verspricht.
Nach einiger Zeit wirst Du dankbar erfahren,
dass diese Hürden ein Glück für Dich waren.

Jeder für sich

Sein Schema über andere drücken
kann kurz, doch nie auf Dauer glücken.
Selbst mit viel Zeit und Energie,
änderst Du die Anderen nie.

Sich in andere einzuwühlen,
sie zu befreien aus Schicksalsmühlen,
viel zu tragen aus ihrem Gepäck,
hat am Ende keinen Zweck.

Lernplanet

Verurteile nicht, weshalb es auch sei,
versuche zu verstehen und verzeih.
Begreife, wie schlecht es Dir auch geht,
die Erde fungiert als Lernplanet.

Es gilt, Deine Schwächen zu erleben,
sie zu überwinden und aufzugeben,
den Charakter zu durchlichten,
Blick und Ziel nach oben zu richten.

Lebensbaum

Den Lebensbaum in sich anzuschauen,
dem Weg des Schicksals zu vertrauen,
sich im Wind mit ihm zu wiegen
und sich den Jahreszeiten fügen.

Noch einmal

Jetzt hat der Kreislauf sich geschlossen,
zum Abschied bin ich nun bereit,
habe mich ins große Sein ergossen,
lege ab das Erdenkleid.

Mein Bestes hatte ich versucht,
oft war es wohl zu wenig,
mal war ich gütig, mal verrucht,
herrschend, friedlich, untertänig.

Mit großem Bedauern erkenne ich
was nicht optimal,
ich sehe es ein und füge mich,
komme noch einmal.

Die Ehre

Geistiger Helfer will man sein,
um Heilung zu bescheren,
lässt sich auf Verehrung ein,
will vom Ruhme zehren.
Man kommt sich vor so wunderbar,
so fortgeschritten prächtig,
die Selbsteinschätzung zeigt ganz klar,
man fühlt sich handlungsträchtig.
Die Heilungskraft, die man benützt,
ist nur von Gott geliehen,
er ist es, der uns unterstützt,
ihn muss man einbeziehen.
Die Ehre steht dem Schöpfer zu,
und nicht dem Überbringer,
dieses Wissen kommt dazu,
der Hochmut wird geringer.

Von Unten nach Oben

Will man in lichte Höhen schweifen,
muss man das Unten erst begreifen.
In die Materie einzutauchen,
wird man als Erfahrung brauchen.

187

Das Dichte gilt es zu bezwingen,
sonst wird der Aufstieg nicht gelingen.
Lasse dich fallen, zögere nicht,
denn hier liegt die Zündung für das Licht.

Stelle Dich den Ängsten und Gefahren,
viel wirst Du über Dich erfahren.
Alter Kummer, verurteilte Taten
in Dein Blickfeld jetzt geraten.

Lass Wut und Tränen freien Lauf,
nimm Trauer, Zweifel, Hass in Kauf.
Glaubensmuster, die Dir schaden,
werden Energie entladen.

Lichte Hilfe wird Dich leiten,
Deine Reise sanft begleiten.
Dem Prozess Vertrauen schenken,
geschehen lassen, nicht zu viel denken,
sich der Reinigung hinzugeben,
bringt Befreiung in Dein Leben.

Der Weg nach Oben steht dann offen,
man kann auf die Erlösung hoffen.

Scheinbarer Held

Die Schuld bei anderen zu suchen,
und das seit eh und je,
zu denunzieren, zu verfluchen,
tut einem selbst nicht weh.
Man wirft den aufgestauten Frust
voller Emotion und Dreck
auf den anderen mit Lust,
erfüllt ist dann der Zweck.
Verantwortung will man nicht tragen,
dies sieht man gar nicht ein,
so ist man Held in allen Lagen,
wenn auch nur zum Schein.

Die Wandlung

Vorhanden zwar, doch tief verdrängt,
die Aggressionstendenz,
den Heiligenschein brav umgehängt,
als Gute-Mensch-Präsenz.
So machte ich mich selbst zurecht,
sah mich im falschen Licht,
die Illusion hielt ich für echt,
verhängt war meine Sicht.

Dann fing der Weg der Qualen an
und bohrte sich in mich,
ein Selbsterkennungsprozess begann,
der nicht mehr von mir wich.

Jegliche Täuschung musste ich lassen,
dunkle Seiten mir besehen,
das Gefühl mich selbst zu hassen,
im absoluten Aus zu stehen.

Geduldet habe ich vielerlei,
mich trotzdem nie beschwert,
ich dachte, dass dies richtig sei,
weil man es mich gelehrt.

Kränkungen und Depressionen
schienen programmiert,
mein Konzept empfahl Verschonen,
Nachgeben war inszeniert.

Da grollte der Gefühle Macht,
die Kraft der Aggression,
es hat geblitzt, enorm gekracht,
so kam ich davon.

Was sich gestaut so lange Zeit
hatte sich entladen,
Polster warf ich hin und her,
denen würde es nicht schaden.

Langsam zog der Friede ein,
beruhigt die Emotionen,
authentisch will ich ab jetzt sein,
mich vom Stress verschonen.

Alles, was mir nicht genehm,
werde ich mokieren,
versuchen in Aktion zu gehen,
mich nicht mehr so zieren.

Verdrängen ist für mich tabu
und Rollen spielen auch,
ich gehe jetzt auf andere zu,
reagiere aus dem Bauch.

Ich drücke aus was mich bewegt,
erkenne meinen Wert,
Ehrlichkeit wird nun gepflegt
und nicht mehr ausgesperrt.

Höheres Denken

Das Zepter hat man gern geführt,
sich auf der Erde etabliert,
stolz ist man auf seine Habe,
brilliert mit Intelligenz und Gabe.

Man wirft sich mächtig in die Brust,
frönt der Macht und mancher Lust,
findet sich ganz einfach klasse,
weit überlegen jeder Masse.

Doch muss das Ende man benennen,
denn einmal wird man es erkennen,
dass die gefühlte Größe klein,
kommt man in den Sarg hinein.

Der Besitz, er ist jetzt nichtig,
der Lebenswandel war nicht richtig,
Demut wäre gefragt gewesen,
Dankbarkeit und gutes Wesen.

Mitgefühl, Bescheidenheit,
zum Dienen allezeit bereit.
Dies zu entwickeln wäre schlauer
und vor allem auch von Dauer.

Ist man der Beste auch von allen,
die Materie wird zerfallen,
selbst die Macht ist Illusion,
begrenzt ist jede Position.

Klammere nicht an diesen Dingen,
am Ende werden sie nichts bringen,
öffne Dich dem höheren Denken,
es wird Dir wahre Werte schenken.

Anerkennung

Um Anerkennung zu bekommen,
wird vielerlei auf sich genommen.

Man verausgabt sich zu sehr,
macht sich das Dasein wirklich schwer,
wagt es nicht, man selbst zu sein,
lässt sich auf Kompromisse ein,
erhofft sich Protektion und Ehre,
auf dass man seine Chancen mehre.

Das Selbstbewusstsein steigt und fällt,
mit Reaktion der äußeren Welt.
Man hebt Dich hoch, lässt Dich fallen,
manipuliert wirst Du von allen.

wie eine Marionette, fremdbewegt,
die eigene Macht ist abgelegt.
Launig wird man nun bespielt,
den Schwachpunkt nutzt man ganz gezielt.

Angewiesen auf deren Gnade,
dazu sei man sich zu schade!
Sich selbst die Anerkennung geben,
schenkt einem ein befreites Leben.

Stehen gelassen

Warum lässt Du mich traurig stehen,
ohne meinen Wunsch zu sehen,
Dich zu umarmen, Dich zu küssen,
mich von Dir geliebt zu wissen?

Du lehnst versteinert, bleibst sehr kühl,
ich sehne mich nach mehr Gefühl!
Der große Herrscher macht sich breit,
ich warte eine Ewigkeit.
Nun weiß ich es und gehe leise
weiter auf der Lebensreise.

Alte Muster

Alte Muster können quälen
und den Weg der Ängste wählen.
Sie regieren unser Denken,
wollen keinen Frieden schenken.

Festgebunden im Verhalten,
eingeengt im frei gestalten,
die Inhalte sind unbewusst,
gebären immer neuen Frust.

Ansehen

Du kannst Deinen Kopf mit Sand bedecken,
hinter Mauern Dich verstecken,
verdrängen, was nicht angenehm,
abstreiten, blocken, übersehen.

Egal was Du tust, Du nimmst alles mit,
es begleitet Dich mahnend auf jedem Tritt.
Treu folgen die Schatten, begehren ihr Recht,
stellst Du Dich nicht, geht es Dir schlecht.

Ihnen entkommst Du niemals im Leben,
ans Licht werden sie die Konflikte heben.
Die Wahrheit stürzt über Dich herein,
es löst sich auf aller Trug und Schein.
Ob Du es möchtest oder nicht,
Du siehst Dir dann selber ins Gesicht.

Freundschaft

Viele sehen das Leben
nur aus ihrer eigenen Sicht,
anderes Denken und Verhalten
versteht man eben nicht.

Blasiert blickt man auf seine Mauer,
darüber nicht hinaus,
die anderen Bauten, Blumen, Gärten
bezeichnet man als Graus.
Man hält fest an eigenen Welten
und dem Gedankengut,
was damit nicht ganz konform geht,
bringt einen in Wut.
So schränkt man sich das Leben ein,
hält ängstlich sich bedeckt,
steht auf einem Abstellplatz,
keine Befruchtung wird erweckt.
Der erste Schritt wäre Toleranz
als Zeichen von gutem Willen,
Verständnis zeigen und Akzeptanz
wird die Feindschaft stillen.

Langsam öffnet man die Tür,
schaut vorsichtig hinaus,
es zeigt sich Schönes, Interessantes,
der Blick, er zahlt sich aus.
Vielfalt bringt jetzt frischen Wind,
man fühlt sich fast wie neu,
entstehende Bereicherung
beseitigt jede Scheu.
Man entdeckt Gemeinsamkeiten
und lässt sich darauf ein,
so kann aufeinander zuzugehen
der Freundschaft Anfang sein.

Erfahrungen

Ich hatte geträumt, im himmlischen Bett,
alle Menschen wären gütig, lieb und nett.
Ich sah die Erde im freundlichen Licht,
ein faszinierendes, strahlendes Außengesicht.

Ich wachte auf als der Vorhang riss
und mich aus meiner Heimat schmiss.
Ich sah erschrocken die wahre Welt,
nur durch ein kleines Licht erhellt.

Ich holte tief Luft und zweifelte daran,
dass man hier, auf Erden, glücklich sein kann.
Ich stand nun da und tat mich sehr schwer,
nahm alles hin, ohne Gegenwehr.

Ich gab mein Schicksal in Gottes Hand,
bin nur ein Körnchen in seinem Sand.
Ich wanderte weiter, kam viel herum,
meine Kraft war versiegt,
mein Mund wurde stumm.

Ich erfüllte die Weisungen, die mir gegeben,
und darf jetzt endlich mein Amt niederlegen.

Göttlicher Vater

Geliebter göttlicher Vater, mein,
in Dir kann ich geborgen sein.
Endlich bin ich jetzt zuhause,
gönne mir eine kleine Pause.

Meine Herzenswunden zeige ich Dir,
heilende Strahlen schenke mir.
Erlöse mein Dunkles in Deinem Licht,
erhebe und erleuchte meine Sicht.
Schenke mir Gnade und Deinen Segen,
sie mögen sich schützend um mich legen!

Absacker

Viel gehört, viel gesehen,
vieles konnte ich nicht verstehen.

Viel gelesen, viel empfunden,
vieles leider nicht gefunden.

Viel gedacht, viel erlebt,
vieles hat mir widerstrebt.

Viel beschuldigt, viel geklagt,
vieles war wohl zu gewagt.

Viel gefordert, viel gestartet,
vieles kam nicht wie erwartet.

Viel empfangen, viel gegeben,
vieles ging ganz schön daneben.

Viel gelernt, viel gereift,
vieles was man nicht begreift.

Viel geschrieben, viel gedichtet,
vieles habe ich berichtet.

Danksagung

Dankbar bin ich meinen beiden lieben Söhnen, die mein Projekt maßgeblich unterstützt, immer an mich geglaubt haben und mir in jederlei Hinsicht hilfreich zur Seite gestanden sind.

Dankbar bin ich für die vielen wunderbaren Bücher, die stets zur richtigen Zeit in mein Leben traten und viel zu meinem inneren Fortschritt beitrugen.

Die besten Lehrmeister waren die Menschen für mich, die mir Leid und Kummer gebracht haben, deshalb will ich auch ihnen vielmals danken.